دفاتر
الدكتور ميشيل سيم
جوود

كارول غارنييه

سكر أقل
متعة أكثر
وصحة أفضل!

ترجمة
د. باسم صابر ميخائيل

دار جامعة حمد بن خليفة للنشر
HAMAD BIN KHALIFA UNIVERSITY PRESS

المحتويات

التشخيص الذاتي: كيف تحدد علاقتك بالسكر؟ 4

الجزء الأول: ماذا يعني «السكر»؟ 7

الفصل الأول: **ليس السكر فحسب، بل مجموعة سكريات** 8

الفصل الثاني: **لماذا أصبح السكر عدوًا لدودًا للصحة؟** 17

الفصل الثالث: **جني فوائد الحد من تناول السكر** 21

الوصفة الصحية 27

الجزء الثاني: تدريبات الدكتور جوود! 28

الفصل الأول: **اليقظة عند التسوق** 29

الفصل الثاني: **سكر أقل بنوعية أفضل** 34

الفصل الثالث: **حان وقت التنفيذ!** 43

الفصل الرابع: **البرنامج المفضَّل وفقًا للنمط الغذائي** 47

الوصفة الصحية 61

إلى اللقاء بعد ستة أشهر 62

لمزيد من المعلومات 63

2

كلمة ميشيل سيم

يكفي أن تتبادر إلى أذهاننا صورة متجر للحلوى حتى يسيل لعابنا على الفور، فالأطعمة حلوة المذاق لها تأثير ساحر علينا، تتأصل جذوره في أعماقنا: العودة بالذاكرة إلى مرحلة الطفولة في مطبخ الجدة، والشعور ببهجة عارمة، وحالة من الهدوء والاسترخاء في غمرة شعورنا بالإجهاد والإرهاق... تكمن المشكلة في أن السكر يُعد عنصرًا جاذبًا للغاية، وينتهي بنا المطاف إلى تناول كمية كبيرة منه، قد تصل إلى 35 كيلوجرامًا للفرد سنويًّا، فضلًا عن أنه متوفر بكثرة في كل مكان تقريبًا، ونتناوله من الإفطار إلى العشاء من خلال المشروبات المتنوعة والمنتجات الاستهلاكية في الأسواق. يجب علينا الاعتراف بأن السكر صار الآن عدونا الأول الأكثر خطورة وتهديدًا للصحة العامة، فضلًا عما يترتب على تناوله من عواقب وخيمة مثل: زيادة الوزن، وداء السكري، وما إلى ذلك. ما العمل إذن؟

في الواقع، أنت لست مجبرًا على التوقف عن تناول كل ما يحتوي على السكر بين عشية وضحاها، فالنهم يظل إحدى ملذات الحياة الأساسية، وليس هناك مَن يرغب في تناول البروكلي المطهو على البخار، والزبادي الخالي من السكر، مدى الحياة! لذا فمن الأفضل أن تُجري بعض التغييرات التدريجية الطفيفة بطريقة سلسة وبسيطة، مع مراعاة تغيير بعض مكونات الطعام بمكونات أخرى، وشراء ما هو صحي وأفضل، وتعديل وصفات قوالب الحلوى المفضلة لديك. ضع نصب عينيك سلسلة من الاستجابات البسيطة التي يسهل تنفيذها من أجل تحقيق نتائج إيجابية مثمرة طويلة الأمد، وسوف تعود بالنفع على صحتك. الأمر يستحق العناء، أليس كذلك؟

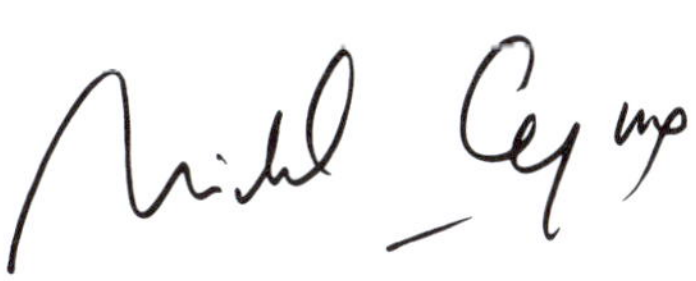

ميشيل سيم

التشخيص الذاتي

كيف تحدد علاقتك بالسكر؟

ليس من السهل دائمًا أن تدرك مقدار ما تستهلكه من طعام، وكيفية السيطرة على العادات الغذائية الخاطئة. ما معدل استهلاكك للسكريات؟ عليك إجراء هذا الاختبار الذي سيساعدك على تقييم نمطك الغذائي.

تعد وجبة إفطارك الوجبة الأكثر أهمية طوال اليوم، وغالبًا ما تحتوي على:

- الخبز، الزبدة، البيض المسلوق، اللحوم المصنعة، الجبن.
- حبوب الإفطار، الكعك المُحلى، الزبادي بالفاكهة... وهذا يعتمد على الرغبة اليومية.
- خبز التوست بالمربى، المعجنات الحلوة، عصير البرتقال، القهوة المحلاة.

لا وقت لتناول الحلوى في فترة الظهيرة:

- لا توجد مشكلة، فأنت بطبيعة الحال لم تعتد تناول الحلوى في هذا التوقيت.
- لا توجد مشكلة، ستتناول قهوتك عند عودتك إلى المكتب، ومعها بعض قطع البسكويت الموجودة دائمًا في درجك.
- تصاب بالإحباط، لذلك تتناول الكاسترد المحلى بالكراميل الموجود في الكافتيريا.

ما طبق الدجاج المفضَّل لديك؟

- المشوي جيدًا في الفرن مع الثوم والتوابل.
- قطع جاهزة (ناجتس) سهلة التحضير في المقلاة أو في الفرن.
- المطهو بصلصة الأناناس.

عند مواجهة جرعة كبيرة من التوتر، وضغط من رئيسك في العمل:

- تحاول استعادة هدوئك في مرحاض مكتبك، وتصفح هاتفك الذكي لمدة ثلاث دقائق.
- تتوجه لشراء قطعتين من الشوكولاتة، وقطع الكيك الإسفنجي (مادلين).
- تشعر باضطراب في معدتك نتيجة التوتر، فتقرر شراء الفطائر المحلاة مساءً، لاستعادة هدوئك وإدخال البهجة إلى قلبك.

ما نوع الزبادي الذي تتناوله؟

- الزبادي العادي، أو مع الفاكهة، أو المحتوي على الفاكهة المطبوخة المحلاة (الكمبوت).
- حلوى القشدة (الكريمة) الممزوجة بالفانيليا أو بالشوكولاتة. أليست نوعًا من أنواع الزبادي؟
- الزبادي الممزوج بالمربى المحضرة في الصيف، أو بالعسل.

متى كانت آخر مرة تناولت فيها أطعمة سكرية؟

- منذ قليل، كما اعتدت يوميًّا. التهمت للتوِّ علبة من البسكويت، وتكاد تُكمل لوح الشوكولاتة.
- لم تعتد تناول مثل هذه الأطعمة.
- الأسبوع الماضي، حين أجبرك ظرف طارئ على تخطي وجبة الغداء، وانتهى بك الأمر إلى التهام رقائق الشوكولاتة على عجل.

إذا قدَّم إليك أحد الأشخاص علبة من الشوكولاتة الفاخرة:

- تنتبه لوجودها بعد ثلاثة أسابيع أو شهر أسفل كومة من الجرائد والمجلات.
- هذا لطف منه، لكنك تفضل تشكيلة أخرى من الشوكولاتة القديمة ذات النوعية الجيدة والملفوفة بورق مذهب.
- تخبئها في درج مكتبك، حتى لا تراها زوجتك أو أطفالك وينقضون عليها، ثم تلتهمها في غضون أيام على أقصى تقدير.

في نهاية يومك، ماذا يجب عليك فعله لتشعر بالاسترخاء؟

- تحضر طعام العشاء: لديك وصفة المكرونة بصلصة الفانيليا والروبيان. تبدو شهية جدًّا!
- تتناول كوبًا صغيرًا من العصير أو مشروبًا آخر مع مقبلات من قطع البسكويت. يبدو هذا مثاليًا!
- تتناول زجاجة مياه غازية أمام التلفاز، للاسترخاء فقط قبل تناول العشاء.

إنها التاسعة مساءً، وهذا الفيلم تحفة فنية نادرة، لذا تفضل مشاهدته مع تناول:

- لا شيء، فأنت لا تشعر بالجوع.
- مثلجات الفانيليا والشوكولاتة، لحسن الحظ لديك مخزون كبير منها في مجمد الثلاجة.
- شريحة أخرى من كعكة الشوكولاتة المعدة في المنزل، وكم أنت سعيد حقًّا بهذه الوصفة اللذيذة التي اكتشفتها مصادفة في إحدى مدونات الطبخ.

احسب نقاطك!

إذا كانت أغلب إجاباتك : فأنت شخص شغوف بتناول النشويات مثل المكرونة

الحلوى والشوكولاتة والكعك والمربى... جميع هذه الأطعمة لا تعني شيئًا بالنسبة إليك. من ناحية أخرى، عندما يتعلق الأمر بطبق من الجبن أو من المكرونة بالكريمة المدخنة، فلن تتوانى عن التهامه! ولكن يجب عليك ألا يدور في مخيلتك أنك بمنأى عن الأضرار الجسيمة التي تنجم عن الإفراط في تناول السكر: يُعد الخبز (مع الجبن) والمكرونة أيضًا أحد مصادر الكربوهيدرات التي يمكن أن يكون لها تأثير السكر «الأبيض» نفسه على الجسم. سنشرح هذه النقطة لاحقًا (انظر صفحة 38)، ونساعدك على تحسين خياراتك لكي تجد لذتك في تناول الطعام والاعتناء بصحتك في الوقت نفسه (انظر صفحة 47).

إذا كانت أغلب إجاباتك : فأنت تستهلك كثيرًا من السكريات المخفية

لا تولي اهتمامًا كبيرًا بإعداد الطعام في مطبخك، وتميل إلى شراء الأطعمة الجاهزة: الفطائر المحلاة لوجبة الإفطار، والزبادي ذو النكهات المتعددة، وأنواع الصلصات المختلفة، والوجبات الجاهزة، والحلويات المغطاة بالكريمة... وهي جميعًا تشكّل عبئًا ثقيلًا على الجسم مع ما تحويه من سكريات مخفية رديئة الجودة. لذا فأولويتك: مراجعة محتويات خزائن الطعام في منزلك، وإعادة اكتشاف متعة تحضير الطعام بنفسك للتحكم في كمية السكريات المستهلكة ونوعيتها. ستنال النصائح إعجابك الشديد، وكذلك قوائم الطعام المعدلة (انظر صفحتَي 29 و52).

إذا كانت أغلب إجاباتك : فأنت تدمن استهلاك السكر

من المستحيل أن تقضي يومك من دون سكر في القهوة، أو قطع من البسكويت أو الشوكولاتة... لا يمكنك الاستغناء عنها صباحًا وظهرًا ومساءً، وتُعدها وجبات خفيفة في النهار، وجزءًا لا يتجزأ من نظام غذائك الأساسي. أنت شغوف بإعداد قوالب الحلوى من أجل لذتك الشخصية ومن أجل أسرتك، ولكن كُن حذرًا وانتبه جيدًا! فالسمنة وداء السكري والعديد من الأمراض المزمنة الأخرى تقف لك بالمرصاد وتتحين الفرصة للانقضاض عليك. ولا مفر من التحرر من عادة تناول السكر الزائد على الحد (في القهوة والمربى والصلصات...)، كي تتمكن من تقبل النكهات الطبيعية للطعام (انظر صفحة 24). في الواقع، يمكن أن تمنحك المكملات الغذائية دفعة قوية إلى الأمام، وسنتطرق بالتفصيل إلى هذا الموضوع (انظر صفحة 56).

الجزء الأول

ماذا يعني «السكر»؟

يجب أن تُعدَّل كلمة «السكر» إلى لفظة أخرى هي «السكريات»، لأن هذا المصطلح الدارج يحمل بين طياته كمًّا هائلًا من الكربوهيدرات البسيطة أو المركبة. ويشكِّل الإفراط في تناول بعضها خطرًا بالغًا على صحة الإنسان، وهذا ما سنلقي الضوء عليه.

الفصل الأول

ليس السكر فحسب، بل مجموعة سكريات

ما القاسم المشترك بين السكاكر وحلوى المارينج وطبق المكرونة واللحوم المصنعة؟ جميع هذه الأطعمة تحتوي على السكريات، لكن بنسب متفاوتة!

ما فائدة السكريات؟

مصدر رئيسي للطاقة

تُعَد السكريات وقود الجسم الرئيسي، ولا غنى عنها لتسهيل انقباض العضلات (بما في ذلك عضلة القلب)، وهي محفز قوي للدماغ (من دونها يصعب تنشيط الذاكرة وتفحُّص ملفاتها)، فالدماغ البشري يستأثر بمفرده بنحو 60% من مصادر الجلوكوز (الشكل الوحيد من الكربوهيدرات الذي يمكن استخدامه) حين يكون الجسم مسترخيًا.

أقل من 1%

هذه هي النسبة الطبيعية لمخزون السكر في جسم شخص يزن 70 كجم، وهي أقل بكثير من نسبة البروتينات (12 كجم تقريبًا) أو الدهون (10%) أو الماء (45%)!

«السكريات السريعة» و«السكريات البطيئة»، مفاهيم علمية سابقة!

نتحدث اليوم عن «الكربوهيدرات البسيطة» و«الكربوهيدرات المركبة». تتألف الكربوهيدرات البسيطة (السكروز، واللاكتوز، إلخ) من السكريات الأولية، ولا يحتاج الجسم إلى تحليلها لاستيعابها. أما الكربوهيدرات المركبة (النشا، والألياف، إلخ) فتتألف من سلاسل طويلة من الجزيئات، ولا بد للجسم أن يحللها قبل استيعابها. ولذلك كان هناك اعتقاد راسخ في الأذهان لفترة طويلة بأن الكربوهيدرات

المركبة، والتي تتطلب جهدًا مضاعفًا من الجسم، توزع طاقتها ببطء في خلايا الجسم، وهذا ليس صحيحًا بالضرورة، وسنتحدث عن ذلك لاحقًا.

ماذا يحدث للسكريات في الجسم؟

دعونا نقضم قطعة من فطيرة التفاح: سيبدأ هضم السكريات (النشا في العجين، والسكر في التفاح، إلخ) في الفم، عن طريق الإنزيمات الموجودة في اللعاب، بعد ذلك «تفكِّك» إنزيمات البنكرياس النشويات وتحولها إلى سكريات بسيطة (جلوكوز، ومالتوز، إلخ) وديكسترينات (نوع من الكربوهيدرات من عائلة السكريات قليلة التعدد)، ثم تتناوب الإنزيمات الأخرى على تفتيت المالتوز والديكسترينات وتحويلها إلى جلوكوز: الشكل الذي يستوعبه الجسم ويمتصه مباشرة، والذي سيكون قادرًا على الوصول إلى مجرى الدم، وبالتالي تزويد الأعضاء والعضلات بالطاقة. ويجري تخزين بعض الجلوكوز في العضلات والكبد على هيئة جليكوجين (النشا «الحيواني» المكافئ للنشا «النباتي»، انظر الرسم التوضيحي المقابل). وهذه العملية لا تنتهي عند هذا الحد، فبعض السكريات تستفيد من إفرازات بعض الإنزيمات الأخرى المتخصصة، مثل اللاكتوز الذي يحتاج إلى اللاكتاز، وتتخمر الألياف بواسطة البكتيريا الموجودة في القولون، وكذلك جزء قليل مما يسمى بـ«النشويات المقاومة» والفودماب (انظر صفحة 23)، والتي أفلتت في أثناء عملية الهضم وظلت في الأمعاء الدقيقة...

قليل من الكيمياء

سكر المائدة أو السكروز هو أحد السكريات الثنائية، ويتكون من جزيئين مترابطين: الأول يتشكل من الفركتوز، والآخر من الجلوكوز. وعلى النقيض من ذلك فإن النشا الموجودة في البقوليات، على سبيل المثال، تُعد مزيجًا من السكريات المتعددة، والأميلوز، والأميلوبكتين (بنسب متفاوتة وفقًا لنوعية النبات).

مسار الكربوهيدرات في الجسم

لماذا لا تتساوى قيمة جميع السكريات؟

هناك نوعان من السكريات: السكريات البسيطة، والسكريات المركبة

هنا تجدر الإشارة إلى ملحوظة اصطلاحية تفرض نفسها، فسواء قلنا «السكريات» أو «الكربوهيدرات»، فإننا نتحدث عن الشيء ذاته. ولكن على النقيض من ذلك، وفقًا لقواعد اللغة الفرنسية، فإن كلمة «سكر» (المفرد) تعني السكروز، وحينما نتحدث عن «السكريات» (الجمع)، فإننا نعني جميع الكربوهيدرات

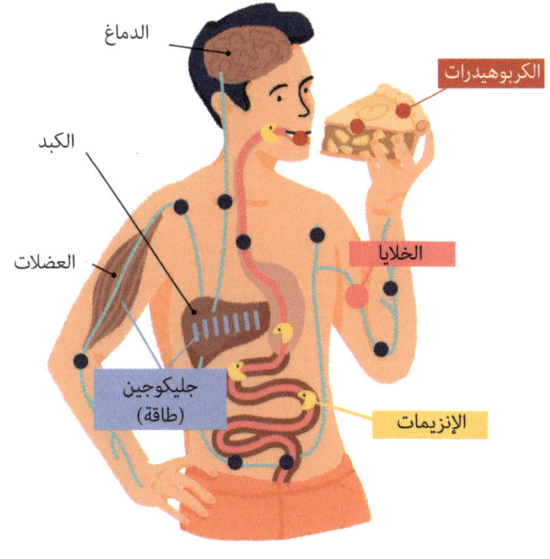

البسيطة المتوفرة بشكلها الطبيعي في الفاكهة والخضراوات ومنتجات الألبان والحبوب، أو تلك المضافة إلى العديد من الأطعمة المصنعة. في الواقع، يجب أن نفرق بين «الكربوهيدرات (السكريات) البسيطة» و«الكربوهيدرات (السكريات) المركبة»، ولذلك دعونا نلقي نظرة فاحصة.

الكربوهيدرات البسيطة الرئيسية	
الاسم	مصادر الطعام
الجلوكوز	الفاكهة (خصوصًا العنب)، والعسل.
الفركتوز (سكر الفاكهة)	الفاكهة، والعسل (عسل الأكاسيا)، وشراب الأغاف.
الجالاكتوز واللاكتوز	الحليب.
السكروز	الشمندر السكري، وقصب السكر... يوجد بنسب أقل في معظم النباتات.
مالتوز (سكر الشعير)	يُصنَّع عبر التحلل المائي للنشا، ويوجد في مشروبات الشعير على سبيل المثال.
تريهالوز	عيش الغراب، والطحالب.

الكربوهيدرات المركبة الرئيسية	
الاسم	مصادر الطعام
النشا	الحبوب والبقوليات والدرنات (البطاطس، والبطاطا)، والجذور (الجزر)، والفاكهة النشوية (الموز، والكستناء)، والفاكهة الزيتية (اللوز، والجوز، والصنوبر).
الألياف (السيليلوز، والهيميسيلولوز، والبكتين، والإينولين...)	الخضراوات، والخضراوات المجففة، والحبوب الكاملة، والفاكهة.

البوليولات (مركبات تنتمي إلى عائلة الكربوهيدرات)

توجد بصورة طبيعية في كثير من النباتات، ولكن حين تُضاف إلى المنتجات الغذائية تُستخلص من الكربوهيدرات عبر عمليات مختلفة (التخمير، والهدرجة، إلخ).

الاسم	مصادر الطعام
السوربيتول	الفاكهة (البرقوق المجفف، والكمثرى، والمشمش المجفف، والكرز، والخوخ، إلخ).
المانيتول	عيش الغراب والطحالب بشكل رئيسي (يُستخلص في الصناعات الغذائية من شراب الجلوكوز أو الفركتوز).
الإكسيليتول	التوت، أو البرقوق، أو عيش الغراب.
الإريثريتول	بعض الفاكهة (يجري الحصول عليه في الصناعات الغذائية عن طريق التحلل المائي لنشا الذرة).

لا تملك جميع السكريات قوة التحلية ذاتها

في الواقع، اعتدنا جميعًا قوة التحلية في السكروز، ووفقًا لهذه العادة أصبح بمقدورنا تحديد كمية السكر التي يجب أن نضعها في القهوة أو الزبادي. تنبع قوة تحلية السكروز من الجزيئات البسيطة المكونة للسكريات، والتي تتفاوت في نسب تحليتها. وفي حالة اللجوء إلى كمية مماثلة، نجد أن الفركتوز يمنح مذاقًا أكثر حلاوة من السكروز، ويُعد مذاق اللاكتوز أقل حلاوة من السكروز.

قوة تحلية بعض أنواع السكريات	
شراب الجلوكوز	55-27
اللاكتوز	30
الجالاكتوز	30
المالتوز	43
السوربيتول	63
الجلوكوز	70
السكروز	100
العسل	100
الفركتوز	120-110

(المصدر: منشورات التغذية والحمية الغذائية، الجمعية الفرنسية للتغذية).

أضف إلى معلوماتك

إذا كان الحليب يتميز بمذاق حلو إلى حدٍّ ما، فهذا بفضل اللاكتوز. وفي أغلب الأحيان يتسم الحليب «الخالي من اللاكتوز» بنكهة أكثر حلاوة: في الواقع، يُضاف إليه إنزيم اللاكتيز الذي يقسِّم جزيء اللاكتوز إلى مكونين: الجلوكوز والجالاكتوز، لتسهيل عملية الهضم، وفي الوقت نفسه يستعيد كل جزيء قدرته على التحلية، بمعدل أكبر من قوة تحلية اللاكتوز.

نسبة ارتفاع السكر في الدم تتفاوت من طعام إلى آخر

مهما اختلف نوع الأطعمة الكربوهيدراتية التي يتناولها الفرد (السكاكر، أو المكرونة، أو البطاطس، إلخ) فإن مستوى السكر في الدم يبلغ أقصى حدٍّ له بعد نحو ثلاثين دقيقة من أكلها، وهذا ما يُطلق عليه «ارتفاع نسبة السكر في الدم»، وهو عملية تحويل السكريات الموجودة في الأطعمة إلى جلوكوز. بعد ذلك يفرز الجسم الأنسولين، وهو الهرمون المسؤول عن تغلغل الجلوكوز في الخلايا: خلايا العضلات والكبد والأنسجة الدهنية. يكمن الفارق هنا في أن بعض الأطعمة التي تحتوي على الكربوهيدرات ترفع مستويات السكر في الدم بنسبة كبيرة، وبعضها الآخر بنسب أقل.

ما المؤشر الجلايسيمي (المؤشر السكري)؟

يُستخدم المؤشر الجلايسيمي (IG) لتقييم تأثير الأطعمة التي تحتوي على الكربوهيدرات في إنتاج الجسم للأنسولين، ويُتخذ الجلوكوز معيارًا له، ويبلغ مؤشره الجلايسيمي 100؛ فالأطعمة الخالية من الكربوهيدرات (مثل: الزيوت، واللحوم، والأسماك، إلخ) يبلغ مؤشرها الجلايسيمي (السكري) صفرًا. وتشير التقديرات إلى أن المؤشر الجلايسيمي المنخفض في بعض الأطعمة يكون أقل من 55، أما المؤشر الجلايسيمي المتوسط في الأطعمة فيتراوح بين 55 و70، أما المرتفع فيكون أعلى من 70 في الأطعمة. وكلما ارتفع المؤشر الجلايسيمي، احتاج الجسم إلى إنتاج المزيد من الأنسولين، وهذا يسهل من عملية تخزين الكربوهيدرات في الجسم، فضلًا عن العواقب الوخيمة الأخرى لإنتاج الأنسولين بكميات مفرطة، مثل الإصابة بالالتهاب.

تعرف سريعًا على نمط تغذيتك			
مؤشر جلايسيمي صفر[1]	**مؤشر جلايسيمي منخفض (أقل من 55)**	**مؤشر جلايسيمي متوسط (55-70)**	**مؤشر جلايسيمي مرتفع (أكثر من 70)**
جميع أنواع اللحوم (البيضاء والحمراء النيئة والمطبوخة من دون صلصة) جميع أنواع الأسماك (غير المقلية وغير المغلف بمسحوق الخبز) البيض الأجبان (الجبنة السويسرية الجبنة الصفراء، الجبن المطبوخ، الجبن المصنوع من حليب البقر غير المبستر، وجبن الماعز...) المأكولات البحرية 1. ملحوظة: تُستهلك بانتظام، جنبًا إلى جنب مع الأطعمة الأخرى.	الفاكهة الحمراء (الفراولة، والتوت، والتوت البري)، ومعظم الفاكهة (التفاح، والبوملي، والكيوي، والكمثرى، والبرتقال...)، والموز غير الناضج تمامًا (52) الفاكهة الزيتية غير المنكَّهة (اللوز، والبندق، والجوز، والفول السوداني، والفستق...) البقوليات (العدس، والحمص...) الأفوكادو الجبن الأبيض الشوكولاتة الداكنة 70% الزبادي التوفو (جبن نباتي مصنوع من حليب الصويا) الحليب، وحليب الصويا الخبز الأسمر رقائق الشوفان الحبوب الكاملة: القمح، والحنطة السوداء، والكينوا، والأرز... شراب الأغاف شراب القيقب البطاطا الحلوة خبز العجينة المتخمرة	بعض الفاكهة الناضجة والحلوة إلى حدٍّ كبير (المشمش، والكرز، والموز، والأناناس...) البسكويت بالزبدة الأرز الأبيض الأرز البسمتي عصيدة دقيق الذرة البطاطس المطهوة على البخار العسل (باستثناء عسل الأكاسيا) ماء الشعير خبز الباجيت التقليدي (57) المكرونة البيضاء المطهوة السميد المطهو	الحلويات المُصنعة (البسكويت المحشو بالمربى أو الكراميل...) الأرز سريع الطهي (87!) حبوب الإفطار البطاطس المهروسة بالزبدة البطاطا المقلية الخبز الأبيض خبز الباجيت المُصنع (78) كعكة الأرز (85!) خبز التوست

لماذا يجب الحد من السكريات عالية المؤشر الجلايسيمي؟

بادئ ذي بدء، يؤدي عدم توازن السكر في الدم إلى الإضرار بصحتك بصورة يومية، وهذا ما ينتج عنه الشعور بالإرهاق الشديد والتهيج وسرعة الغضب. إذا كانت تحدوك الرغبة في خوض معركة عنيفة مع المحيطين بك، فعليك برفع مستوى السكر في الدم! ولكن يعد هذا الأمر، على المدى البعيد، بالغ الخطورة، فقد ثبت بالدليل القاطع أن الأطعمة ذات المؤشر الجلايسيمي (السكري) المرتفع ترتبط ارتباطًا وثيقًا بزيادة الوزن، ومرض السكري، وأمراض القلب، وزيادة نسبة الكوليسترول «الضار»، وحتى الإصابة ببعض أنواع السرطان.

احذر التأرجح بنسبة السكر في الدم!

ترفع الأطعمة ذات المؤشر الجلايسيمي العالي نسبة السكر في الدم، فيخترق السكر الخلايا، مما يؤدي إلى إفراز مفاجئ للأنسولين، عندها تنخفض نسبة السكر في الدم بسرعة. هذا الانخفاض المفاجئ يؤدي حتمًا إلى ما يسمى بنقص سكر الدم «ردة فعل عكسية»، والنتيجة، كما تعلمون جيدًا، شعور مباغت بالإجهاد والتعب والدوار، وشعور بالغضب والعدوانية (غير المبررة، دعونا نتحرى الدقة في هذا الوصف!)، ورغبة جارفة يتعذر كبتها في تناول طعام حلو مرَّة أخرى (الجسم حساس للغاية، ويدرك جيدًا حاجته إلى السكريات لرفع نسبة السكر في الدم). إن هذا السلوك الاندفاعي الذي يحثنا على تناول طعام يحتوي على نسبة عالية من السكر يجعلنا ندور في حلقة مفرغة: ارتفاع في الأنسولين، وانخفاض في نسبة السكر في الدم. لهذا السبب دعونا نسأل: لماذا يُنصح بتناول الأطعمة منخفضة المؤشر الجلايسيمي؟ الإجابة ببساطة لأن نسبة السكر في الدم سترتفع ببطء وستنخفض ببطء، ولن يتسبب هذا الأمر في نقصان نسبة السكر في الدم.

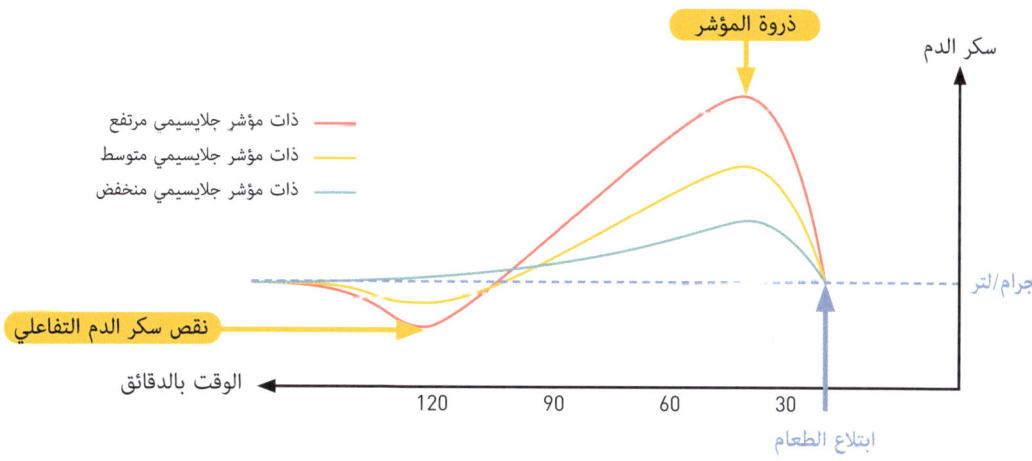

ذروة المؤشر الجلايسيمي بعد تناول الوجبة

هل هذا الأمر خطير سيدي الطبيب؟

أشعر بالعطش طوال الوقت، هل هذا يستدعي القلق؟

يُعَد الشعور بالعطش المستمر أحد أعراض مرض السكري، ونظرًا إلى وجود نسبة كبيرة من السكر في الدم، يتكيف الجسم مع الأمر، وتتخلص الكليتان من الفائض عن طريق البول. لذلك، تتزايد كمية البول، ويجب على المرء شرب كمية كبيرة من السوائل. ومع ذلك، كُن مطمئنًّا: فيمكن أن يشعر المرء بحالة من العطش الشديد أكثر من المعتاد بسبب جفاف الجو أو شدة الحرارة (في المكتب على سبيل المثال)، وفي حالة بذل مجهود بدني كبير، أو تناول أطعمة مملحة أو حارة أو حلوة.

ارتفاع نسبة السكر في الدم أساس مرض السكري (النوع الثاني)

يتسم داء السكري من النوع الثاني بفرط سكر الدم (نسبة السكر عالية في الدم) الذي يستمر بصورة دائمة، وهو يعد نتيجة مباشرة لسوء العناية الصحية، واتباع نمط حياة غير صحي (عدم ممارسة الرياضة بشكل كافٍ، والاستهلاك المتكرر والمفرط للسكريات ذات المؤشر الجلايسيمي المرتفع، والوجبات السريعة، إلخ)، مما يؤدي إلى اختلال وتعطل إفراز الأنسولين. تكمن المشكلة في أن المريض قد يُصاب بهذا الداء لعدة سنوات من دون أن يلاحظ هذه الكارثة[1]. ولتشخيص مرض السكري، تُقاس نسبة السكر في الدم في أثناء الصيام عن طريق أخذ عينة من الدم وتحليلها.

لا تخلط بين نوعي السكري الأول والثاني!

يرتبط مرض السكري من النوع الثاني بشكل أساسي باتباع نمط حياة غير صحي، في حين أن مرض السكري من النوع الأول يعد أحد أمراض المناعة الذاتية، الذي يعمل على تدمير خلايا البنكرياس المسؤولة عن إفراز الأنسولين. لهذا السبب يصيب داء السكري من النوع الثاني البالغين بصورة رئيسية (بسبب اتباع نظام غذائي غني بالسعرات الحرارية ودسم للغاية، مع قلة النشاط البدني)، على الرغم من أنه أصبح شيئًا فشيئًا يهدد حياة الأطفال!

عليك معرفة نسبة السكر في دمك!

يجب على الجميع إجراء تحليل دوري ومنتظم للدم، بهدف مراقبة نسبة السكر في الدم، كل ثلاث سنوات عمومًا، وكل عام حين يصبح الشخص أكثر عرضة للخطر (زيادة الوزن، وارتفاع ضغط الدم، وفرط الكوليسترول في الدم)، وفي حالة وجود تاريخ مرضي للعائلة (الأمراض الجينية الموروثة)، وفي حالة النساء المصابات بسكري الحمل أو يلدن أطفالًا يزِنون أكثر من 4 كيلوجرامات، وبعد تخطي الخامسة والأربعين من العمر.

أضف إلى معلوماتك

معدلات السكر الطبيعية في الدم (في حالة الصيام)

- **0.7 جرام/لتر - 1.1 جرام/لتر: معدل طبيعي**
- **1.1 جرام/لتر - 1.26 جرام/لتر: ارتفاع طفيف في نسبة السكر في الدم، حالة ما قبل داء السكري**
- **أكثر من 1.26 جرام/لتر في اختبارين متتاليين: مريض بداء السكري**
- **أكثر من 2 جرام/لتر، مرة واحدة: مريض بالسكري**

1 في أغلب الأحيان يُشخَّص المرض عقب إجراء تحليل للدم، وفي كثير من الأحيان، وبسبب زيادة وزن الجسم، يطلب الطبيب من المريض إجراء فحص لقياس نسبة الكوليسترول والدهون الثلاثية، إلخ.

هل تناول الأطعمة ذات المؤشر الجلايسيمي المرتفع ما زال مسموحًا به؟

تصطف الأطعمة المثيرة للشهية أمام عينيك: حلوى المارينج، وحلوى الخطمي (مارشميلو) المغطاة بالشوكولاتة، والآيس كريم، إلخ. هل صارت هذه الأطعمة ممنوعة عليك طوال الحياة؟ الإجابة: كلا، لا تقلق، عليك فقط ألا تتناولها في أي وقت، وكيفما يحلو لك!

هل يمكن تعديل المؤشر الجلايسيمي لأي نوع من الأطعمة؟

نعم، ببساطة، من خلال تناوله مع أغذية أخرى صحية تساعد عناصرها (البروتين من اللحوم البيضاء، والألياف في الخضراوات النيئة والمطبوخة) في الحد من التأثير على نسبة السكر في الدم. الحلفاء الرئيسيون: الألياف التي تبطئ إفراغ المعدة وبالتالي تُسهل من عملية امتصاص السكريات، وتشكّل نوعًا من الهلام تعلق به كلٌّ من السكريات والدهون، وتستغرق الإنزيمات الهضمية وقتًا أطول لاستخلاصها. فعلى سبيل المثال، وبصورة عملية، يفضَّل تناول المعجنات في نهاية الوجبة للحد من تأثيرها (خضراوات طازجة + قطعة لحم خالية من الدهون أو قطعة سمك)، بدلًا من تناولها بمفردها في منتصف اليوم.

هل يمكنني تناول ما أريده من الأطعمة ذات المؤشر الجلايسيمي المنخفض؟

لا بكل تأكيد، فاللحوم الحمراء وبعض أنواع الأجبان تتميز بمؤشر جلايسيمي منخفض (في بعض الأحيان يبلغ صفرًا)، لكنها أيضًا تتميز بدسمها وملوحتها وسعراتها الحرارية العالية، لذا يجب أن تأخذ في الحسبان طريقة إعداد الطعام. فعلى سبيل المثال، سواء كانت البطاطس مطهوة على البخار أو مقلية أو مهروسة، فهي لا تحتوي على المؤشر الجلايسيمي نفسه. والسبب هو تفاوت درجة حرارة الطهي، ومستوى تجهيز ومعالجة الطعام (كامل، مهروس...).

ملحوظة: إذا كانت رقائق البطاطس ذات مؤشر جلايسيمي منخفض، فهذا لأنها مصحوبة بالدهون، ومع ذلك لا يحق لك أن تتناولها صباحًا وظهرًا ومساءً!

المؤشرات الجلايسيمية المتعددة للبطاطس	
طريقة تحضير البطاطس	المؤشر الجلايسيمي
في الفرن	95
مهروسة	83
مقلية	82
مسلوقة بقشرتها	65
رقائق	54

الحِمل الجلايسيمي: أداة أكثر اكتمالًا (لكنها أكثر تعقيدًا)

لا تضع حدود المؤشر الجلايسيمي في الحسبان كمية الطعام التي يتناولها الفرد، بيد أن الحِمل الجلايسيمي يلقي الضوء على كمية الكربوهيدرات التي تحتويها الوجبة، إذ إنه يعد أداة أكثر شمولًا، ولكن من الناحية العملية، تستغرق حساباته وقتًا أطول. يمكن الحصول على الحِمل الجلايسيمي عن طريق حاصل ضرب

المؤشر الجلايسيمي للعنصر الغذائي في كمية الكربوهيدرات التي يتناولها الفرد، ثم قسمة الحاصل على 100، وتتيح لنا النتيجة الوصول إلى أحد المستويات الثلاثة:

- منخفض: أقل من 10.
- متوسط: 11-19.
- مرتفع: بدءًا من 20.

الحِمل الجلايسيمي للمكرونة

على سبيل المثال: يبلغ المؤشر الجلايسيمي للمكرونة المطهوة 65، وتحتوي كل 100 جرام منها على 26 جرامًا من الكربوهيدرات.

- إذا تناول الفرد كمية من المكرونة تزن 150 جرامًا، فسيكون الحِمل الجلايسيمي: (26×1.5) × 100/65= 25.4، أي مستوى مرتفع.
- إذا تناولت حصة وفيرة تبلغ 300 جرام، يظل المؤشر الجلايسيمي 65، بيد أن الحِمل الجلايسيمي سيكون: (26×3) × 100/65= 50.7، أي مستوى عالٍ جدًّا!

طعام مفضَّل وطعام غير مرغوب فيه!

طعام مفضل: الأرز البسمتي غير المطهو بالكامل: 58

طعام غير مرغوب فيه: الأرز المطهو جيدًا: 87

يحتوي الأرز البسمتي، لا سيَّما غير المطهو بالكامل، على مؤشر جلايسيمي أقل من أنواع الأرز الأخرى المطهوة جيدًا، ويعود السبب إلى أن نشا الأرز البسمتي تتكون بشكل رئيسي من الأميلوز (نوع من النشا يُهضم ببطء، على النقيض من الأميلوبكتين سريع الهضم جدًّا). أما بالنسبة إلى الأرز سريع الطهي، فإن معالجته السابقة تجعل النشا سهلة الامتصاص بسرعة هائلة.

طعام مفضل: رغيف الباجيت التقليدي: 57

طعام غير مرغوب فيه: رغيف الباجيت المُصنع: 78

الرغيف الفرنسي المُصنع عبارة عن خبز أبيض ذي مؤشر جلايسيمي مرتفع: دقيق مكرر خالٍ من الألياف والخميرة. أما الرغيف «التقليدي» فيحتوي على مؤشر جلايسيمي أقل، إذ إنه يُعجن ويُطهى ببطء (مذاقه أفضل بكثير حقًّا!).

طعام مفضل: الشوكولاتة الداكنة 70%: 41

طعام غير مرغوب فيه: الحلوى الجيلاتينية: 94

وفقًا للمؤشر الجلايسيمي، تحتل الشوكولاتة المرتبة الأولى! لا شك أن سعراتها الحرارية أعلى بكثير من الحلوى (نحو 550 سعرة حرارية مقابل 380 سعرة)، ومع امتزاجها بالدهون والبروتينات والألياف والسكريات يظل مؤشرها الجلايسيمي أقل من مؤشر الحلوى التي تتكون من السكر بالكامل تقريبًا (لا سيَّما من الجلوكوز ذي المؤشر الجلايسيمي المرتفع جدًّا).

الفصل الثاني

لماذا أصبح السكر عدوًّا لدودًا للصحة؟

اليوم، نجد السكر من حولنا في كل مكان: بدءًا من مكعب السكر الأبيض الصغير الذي نضعه في قهوة الصباح (هنا نرى السكر بأعيننا)، ومرورًا ببعض المأكولات المعلَّبة، وانتهاءً باللحوم الباردة (وهنا يتوارى السكر تمامًا!)، ولا يمكننا قضاء يوم واحد من دونه. ولا شك أن للسكر دورًا كبيرًا، لكن يجب ألا نتناسى آثاره المدمرة على الصحة.

القدرات الخارقة للسكر

حفظ الطعام

لم يكن الدافع وراء الوصفات القديمة، مثل شراب الفاكهة والمربى والهلام والفواكه الملبَّسة بالسكر، التي تعود إلى جداتنا، هو النهم والشراهة، وإنما كان الغرض منها حفظ الفاكهة التي تُجمع بكثرة أيام الصيف، لاستهلاكها طوال العام، ولا سيَّما في المواسم الباردة التي تقل فيها الفاكهة. ويتميز السكر بأنه مادة اسرطابية (قادرة على امتصاص الماء)، وعند ذوبانه يتداخل مع جزيئات الماء الموجودة في الطعام، مما يجعله غير قابل لنمو الكائنات الحية الدقيقة. لكن كي تغدو عملية الحفظ فعَّالة ومجدية، فالأمر يتطلب تركيزًا معينًا من السكر: إذا

لمحة تاريخية

استخدم أجدادنا العسل فقط لفترة طويلة من الوقت، وظل قصب السكر، المعروف منذ العصور القديمة، سلعة نادرة ومكلفة، تمامًا مثل التوابل. وبعد اكتشاف الأمريكتين، استقرت مزارع قصب السكر في جزر الهند الغربية، ثم في أمريكا الجنوبية. وبعد الحصار الإنجليزي في بداية القرن التاسع عشر، ومنع وصول قصب السكر، شجع نابليون زراعة الشمندر السكري في العاصمة الفرنسية، وظهر أول مصنع في عام 1811... والباقي نعرفه!

كنت قد حاولت آنفًا صُنع المربى من خلال تقليل كمية السكر بشكل ملحوظ، فلا شك أنك لاحظت نمو العفن بعد بضعة أسابيع أو أشهر.

إضفاء المذاق الجيد (هنا تكمن المشكلة!)

يُعَد السكر - مثل الملح تمامًا - مُحسِّنًا رائعًا للنكهة، ولهذا السبب يلجأ المصنعون إلى استعماله، لكنهم يسيئون استخدامه، لا سيِّما حين يتعلق الأمر بالمنتجات منخفضة الجودة. تخيل أنك ستتناول طبقًا من الرافيولي المُعلبة، لن تحصل في الواقع على مكونات لذيذة المذاق، وستكتشف أن الطماطم غير ناضجة، مع كثير من الماء (غالبًا ما تحتوي المنتجات منخفضة الجودة والتكلفة على كمية كبيرة من الماء، وأحيانًا نجد أن الماء العنصر الأول المدرج في قائمة مكوناتها). لذلك، عليك أن تضيف شيئًا صغيرًا لإعطاء مذاق جيد لهذه المكونات، أليس كذلك؟ القليل من الملح، والقليل من السكر، والقليل من الدهون! حينئذ تسقط في الفخ، ويبدو الطعام أكثر جاذبية، وتستسيغه براعم التذوق لديك. ينطبق الأمر نفسه على الشوكولاتة، فحين تُمزج بقليل من زبدة الكاكاو الخام، فلا بد أن تكتسب مذاقًا لذيذًا عبر إضافة مزيد من السكر إليها.

لماذا لا نقوى على مقاومة السكريات؟

انجذاب خفي مجهول المصدر

ربما تصل بنا الحال، بعد بذل جهود مستميتة، إلى عدم القدرة على الصمود أمام إغراء مذاق السكر، فهذا الانجذاب الخفي له جذور متأصلة في أعماقنا. يبدو أن الطفل، في «رحم الأم»، يلاحظ انخفاض نسبة السكر في دم والدته والشعور بالجوع الناجم عن ذلك، ثم يستشعر حالة الهدوء والسكينة المرتبطة بتناول الطعام. ويمكن الجزم بأن الأطفال الرضع، منذ لحظة الولادة، يُبدون شعورًا بالانجذاب الفطري نحو الأطعمة ذات المذاق الحلو. وقد أظهرت الدراسات والتجارب أنه بغض النظر عن النظام الغذائي الذي تتبعه الأمهات، فإن الأطفال الذين قُدِّم إليهم سائل حلو ليتذوقوه، كانوا يُصدرون ردة فعل توحي بالرغبة في تكرار التجربة عبر إيماءات تنم عن الشعور بالمتعة واللذة.

> **هل الطعام الحلو جيد بالضرورة؟**
>
> يُعتقد أن مذاقات الأطعمة تلعب دورًا في بقاء الأجناس. في أغلب الأحيان، تتسم المركبات السامة بنكهات مُرة، في حين يشير المذاق الحلو إلى الأطعمة الناضجة والصالحة للأكل، وإلى السعرات الحرارية الضرورية للبقاء على قيد الحياة (لكن احذر! فهذا لا يبرر عدم قدرتك على مقاومة فطيرة الشوكولاتة، لأن غريزتك الحيوانية قد تتغلب عليك. هل تتفق معي؟).

هل تقود هذه المتعة إلى الإدمان؟

لماذا يصعب الاستغناء عن السكريات بعد البدء في تناولها؟

جميع الأشخاص الذين يتناولون السكر بشراهة يمكنهم اختبار مثل هذا الشعور: من المستحيل أن يضعوا حدًّا لنهمهم على الرغم من أنهم يعلمون جيدًا أن هذا الانجذاب غير منطقي على الإطلاق. ما الذي يجري؟ عندما يتغلغل السكر في الدم، يساعد الأنسولين المفرز التريبتوفان على الوصول إلى خلايا الدماغ، وهو حمض أميني يساهم في إنتاج هرمون السيروتونين أو ما يسمَّى بـ«هرمون السعادة». في الوقت نفسه، تنخفض هرمونات التوتر والضغط العصبي، وتؤدي هذه العملية إلى حالة من الهدوء الفوري. وهكذا نبتلع شرائح الخبز المغطاة بالمربى واحدة تلو الأخرى. وتكمن المشكلة في أن هذا الأمر يحدث مرارًا وتكرارًا، ويمكننا أن نرى النتيجة حين نقف على الميزان: هذا النوع من زيادة الوزن يعتمد كليًّا على الأغذية التي نتناولها، والتي ترتبط بالتوتر أو بانخفاض الروح المعنوية.

هل إدمان السكر يعادل إدمان المخدرات؟

وفقًا للبيولوجيا العصبية، يُحفز السكر «دائرة المكافأة»، أي النظام المرتبط مباشرة بمشاعر اللذة والرضا، والذي ينطوي على إنتاج نواقل عصبية متعددة (الدوبامين يجلب الحيوية والنشوة، وحمض الجاما-أمينوبيوتيريك[1] المهدئ، وهرمون السيروتونين...). وهذا ما يفعله أيضًا النيكوتين والكحول والقنب الهندي والكوكايين، إلخ. وهكذا من الممكن أن تشكِّل المخدرات والسكر مصدرًا للإدمان، ويمكن اكتشاف ذلك من خلال ما يتبع هذا الإدمان من حالة فقدان السيطرة التي تصيب الفرد، والجهود المتكررة لوقف استهلاكهما أو بالأحرى تعاطيهما. ولحسن الحظ، بشأن أعراض الإقلاع، فلا تشابه بين إيقاف تناول السكريات بشراهة، والامتناع عن تعاطي المواد الأفيونية.

خلاصة القول

تأثير السكر على الفئران مثل المواد المخدرة!

أظهرت أبحاث سيرج أحمد، مدير المركز الوطني للبحث العلمي، أن السكر قد يسبب إدمانًا أقوى من إدمان الكوكايين والهيروين، على الأقل بالنسبة إلى فئران المختبر التي أُخضعت لكثير من التجارب: بعد أن اعتادت الفئران تعاطي هذين المخدرين (السكر والكوكايين) إلى حدٍّ الإدمان، كان عليها الاختيار بين محلول الماء المُحلَّى أو جرعة من الكوكايين، وكانت النتيجة أن 90% من الفئران اختارت محلول الماء المُحلَّى.

1 حمض الجاما-أمينوبيوتيريك: وسيط عصبي له تأثيرات مثبطة (أي مهدئة) على الجهاز العصبي المركزي.

أقصى كمية مسموح بها هي 25 جرامًا في اليوم!

وفقًا لتقرير منظمة الصحة العالمية، يجب ألا تتجاوز نسبة «السكريات الحرة» - أي التي يضيفها المستهلك أو المُصنع إلى الأطعمة، والمتوفرة بشكل طبيعي في العسل وعصائر الفاكهة - 10% من إجمالي حصة الطاقة التي يستهلكها الفرد يوميًا، أي 50 جرامًا يوميًا للشخص الذي يستهلك 2000 سعرة حرارية. وتُعد السكريات المتوفرة في الفاكهة والخضراوات بمجملها ومنتجات الألبان غير معنية بهذه النسبة. وتضيف منظمة الصحة العالمية أنه سيكون من الأفضل - للتمتع بصحة أفضل - تخفيض هذه النسبة إلى أقل من 5% من إجمالي حصة الطاقة اليومية التي يستهلكها الفرد. وحينما نلقي نظرة سريعة على مقادير السكر في بعض الأطعمة، نتيقن من سرعة بلوغ هذه النسبة، أي 25 جرامًا.

أضف إلى معلوماتك

كم تبلغ نسبة السكر في:

علبة المشروب الغازي (33 سنتيلترًا) ....35 جرامًا

قطعة شوكولاتة محشوة بالكراميل والسكاكر (51 جرامًا)...................................... 31.5 جرام

كعكة شوكولاتة لفرد واحد (100 جرام) ....27 جرامًا

قطعة من فطيرة المارينج بالليمون (80 جرامًا) ...... 25 جرامًا

بودينج الشوكولاتة (125 جرامًا) ....22 جرامًا

آيس كريم بنكهة الفانيليا (64 جرامًا)......................19 جرامًا

كوب من عصير الفاكهة (20 سنتيلترًا) ....18 جرامًا

علبة زبادي الفاكهة (125 جرامًا)................................15 جرامًا

قطعتان من البسكويت بالشوكولاتة (40 جرامًا).... 13.4 جرام

40 جرامًا من حبوب الفشار بالعسل ....11 جرامًا

3 قطع من البسكويت من الكعك الإسفنجي بمربى الفاكهة (20 جرامًا)................................ 10.5 جرام.

ملعقتان كبيرتان من صلصة الصويا الحلوة (30 مل)..6 جرامات

مكعب شوكولاتة بالحليب (10 جرامات) .... 4.9 جرام

مكعب شوكولاتة داكنة 70% (10 جرامات) .... 2.7 جرام

هل يمكن العيش بلا سكريات؟

نعم بكل تأكيد، يمكن العيش من دون «السكريات» البسيطة (في الكعك والمربى، وما نضيفه إلى القهوة). لكن، من ناحية أخرى، تُعَد الكربوهيدرات المركبة (الحبوب، والبقول، إلخ) أمرًا لا غنى عنه من أجل نظام غذائي صحي، ولسوء الحظ فإن بعض الأنظمة الغذائية تتجاهلها أو تحد من تناولها كثيرًا: الحميات الغذائية منخفضة الكربوهيدرات (تقلل نسبة استهلاك الكربوهيدرات إلى 100 جرام في اليوم تقريبًا)، والحمية الكيتونية (تقلل نسبة استهلاكها من 20 إلى 50 جرامًا في اليوم)، وحمية البروتين، وحمية أتكينز. وهذه الأنماط الغذائية يتعذر تبنيها يوميًا على المدى الطويل، فنحن بشر ونسيان النكهات الحلوة ليس أمرًا ممكنًا أو قابلًا للحدوث على المدى الطويل! ومن الأفضل تناول كميات قليلة من بعض الأطعمة بدلًا من الامتناع تمامًا عن تناولها.

الفصل الثالث

جني فوائد الحد من تناول السكر

لا شك أن الحياة لا تُحتمل من دون المكرونة والشوكولاتة بالبندق والمُنكهة بالملح، ومن دون المربى وفطائر السكر. لكن الحد من تناول السكر والكربوهيدرات ذات المؤشر الجلايسيمي المرتفع سيعود بفوائد عظيمة على الصحة، وهذا أمر بالغ الأهمية!

الشعور بالتحسن

تخزين مستوى أقل من السكر

من المعروف أن الأطعمة التي تحتوي على السكر المضاف تحتوي أيضًا على نسبة عالية من السعرات الحرارية، سواء كانت مشروبات أو مخبوزات أو حلوى أو حتى الآيس كريم مع «الكراميل وقطع البسكويت»، لذا فإن حذفها من النظام الغذائي المتبع والتحول عنها إلى منتجات الألبان والفاكهة يُمكن أن يقلل من كمية السعرات الحرارية فقط، ولكن الأفضل من ذلك احتفاظ الجسم بمخزون أقل من خلال تجنب ذروة إفراز هرمون الأنسولين (المسؤول عن تعزيز التخزين في الخلايا). وبناء على ذلك، حينما تتساوى السعرات الحرارية، فإن الوجبة التي تتكون من أطعمة ذات مؤشر جلايسيمي منخفض ستُخزن بصورة أقل، مما لو كانت تتكون من أطعمة ذات مؤشر جلايسيمي مرتفع. أليس هذا رائعًا؟

أقل عرضة للجوع الشديد وفقدان السيطرة

الآن أصبح معروفًا لدينا أن إفراز الأنسولين يخفض نسبة السكر في الدم، وهذا الأمر يولِّد رغبة مُلحة في تناول الطعام (نادرًا ما يكون الخيار الطازج أو القرنبيط المقرمش)، بل إن الرغبة تدفعنا إلى التهام الأطعمة التي تزود الجسم بالطاقة (الكربوهيدرات والدهون). وبما أنه من الصعب التوقف بعد تناول حبتين من الفول السوداني بالكراميل أو مكعب من الشوكولاتة فقط، فإننا نشرع في التهام لوح الشوكولاتة بأكمله أو جميع حبات الفول السوداني بالكراميل الموجودة في الكيس، وعندها نستهلك كمية هائلة من السعرات الحرارية وبسرعة كبيرة.

الاستمتاع ببشرة جميلة: وداعًا للشوائب!

هل دار بخلدك يومًا أن قالب الشوكولاتة بالكراميل والبسكويت يعتني ببشرتك؟ الجواب واضح وصريح: كلا على الإطلاق. في مثل هذا النوع من المنتجات، لا ينطلق السكر من دون أصدقائه الأوفياء أبدًا: الدهون والمواد المضافة (الألوان، والمواد الحافظة، والمستحلبات، إلخ)، وهذه السموم ترهق مرشحات الجسم المسؤولة عن التعامل معها: الكبد والكلى والأمعاء والرئتان والبشرة. وتناول الكربوهيدرات ذات المؤشر الجلايسيمي المرتفع يزيد من إفراز الأنسولين، ويصاحب هذا الإفراز إنتاج مادة دهنية عبارة عن طبقة دهنية تفرزها الغدد الدهنية للبشرة كي تحميها من الجفاف. طبقة دهنية + خلايا ميتة = أرضية مثالية لظهور البثور! وفي نهاية المطاف، يتسبب تناول السكريات بإفراط في تصلب الأنسجة (الجسم عمومًا والبشرة خصوصًا)، وهذا ما يسمى بـ«عملية الغلوزة» التي تنطوي على تلف وتيبس وتصلب ألياف الكولاجين والإيلاستين الموجودة في الأدمة (طبقة جلدية أسفل البشرة)، والتي تمنح البشرة المرونة واللدانة والانتعاش. وخلاصة القول: إن الإفراط في تناول السكريات يؤدي إلى ظهور البثور وإلى الشيخوخة المبكرة للبشرة.

اكتساب مزيد من الطاقة

يمكن للمرء أن يتجنب زيادة إفراز الأنسولين وما ينجم عنها من انخفاض للسكر في الدم، من خلال اللجوء إلى نظام غذائي منخفض المؤشر الجلايسيمي، وبالتالي سيتمتع الجسم بطاقة ثابتة ومتجددة طوال اليوم، ولن يباغته أي شعور بالخمول أو الارتخاء بعد تناول وجبة الغداء، بل إنه سيهنأ بنوم مريح وهادئ! وقد أظهرت دراسة حديثة أن اتباع نظام غذائي غني بالسكريات المضافة ومصحوبًا بارتفاع نسبة السكر في الدم يزيد من خطر الإصابة بالأرق. والتفسير الذي قدمه جيمس جانجويش، أستاذ الطب النفسي في جامعة كولومبيا ومؤلف الدراسة، هو: من الممكن أن تكون حالة نقص السكر التفاعلي مصحوبة بإفراز الأدرينالين أو الكورتيزول، وهي هرمونات محفزة لليقظة والتوتر والإثارة. في النهاية، من المفيد أيضًا تجنب تناول الأطعمة الحلوة والدهنية على العشاء، فعملية الهضم الطويلة تتطلب من الجسم أن يبذل مزيدًا من الطاقة، مما يؤثر على جودة النوم ويفسد قيمته.

تحسُّن الحالة المزاجية

أشرنا سابقًا إلى أن الكربوهيدرات تعزز وصول التريبتوفان إلى خلايا الدماغ، ويُعَد هذا الحمض الأميني - نجده في كثير من الأطعمة - بالغ القيمة، لأنه يساهم في إفراز هرمون السيروتونين، وهو هرمون السعادة. دعونا نؤكد الآن أن هذه العملية ستكون أكثر نجاحًا في حالة تناول كربوهيدرات ذات مؤشر جلايسيمي منخفض، وعلى النقيض من ذلك، في حالة اختيار أطعمة ذات مؤشر جلايسيمي مرتفع، إذ إننا نفتح الباب على مصراعيه أمام نقص السكر في الدم وتكدر المزاج والشعور بالضيق والاضطراب (بحثًا عن شيء لنقضمه بأسناننا). وتميل الدراسات المتنوعة التي أُجريت خلال السنوات الأخيرة إلى تسليط الضوء

على أن النظام الغذائي ذا المؤشر الجلايسيمي المرتفع يكون مصحوبًا بارتفاع معدل الإصابة بالاكتئاب. وخلاصة القول: إذا لم تكن هذه الآليات واضحة ومفهومة تمامًا بالنسبة إلينا، فهناك كثير من السلوكيات التي يمكن أن تعود علينا بفوائد عظيمة في حالة تناولنا أطعمة ذات مؤشر جلايسيمي منخفض، وتحتوي على نسبة قليلة من السكريات!

هضم الطعام بسهولة أكبر

إذا كنت ممن يعانون باستمرار اضطرابات في الجهاز الهضمي من دون معرفة السبب الحقيقي وراء ذلك، فمن المحتمل أن يكون السبب هو السكر، فالإفراط في تناوله يزيد بالفعل من التخمر المعوي واختلال الميكروبيوم (اختلال التوازن البكتيري أو نمو البكتيريا المسببة للأمراض)، مما يؤدي إلى الشعور بالانتفاخ واضطرابات الهضم الأخرى. عليك بإجراء اختبار عن طريق تقليل مصادر السكر إلى حدٍّ كبير لمدة 48 ساعة، ولاحظ ماذا سيحدث: إذا شعرت بعدم انتفاخ في البطن، وسهولة في الهضم، فهذا يعني أنك كنت تستهلك سابقًا كمًّا كبيرًا من السكريات.

تجنب بعض أنواع الكربوهيدرات المسماة «الفودماب»

هل تشعر بانتفاخ في البطن بعد كل وجبة؟ وهل حالة الانتفاخ دائمة؟ قد تكون هذه الاضطرابات ناجمة عن الاستهلاك المفرط لأنواع معينة من السكريات المتوفرة بشكل طبيعي في أحد الأنظمة الغذائية: «الفودماب» (السكريات قليلة التعدد، والسكريات الثنائية، والسكريات الأحادية، والبوليولات القابلة للتخمر بواسطة النبيت (مجموعة من الميكروبات) الجرثومي المعوي)، وهي عبارة عن مجموعة من الكربوهيدرات التي يصعب امتصاصها عن طريق الأمعاء الدقيقة، مما يؤدي في النهاية إلى التخمر والانتفاخ والشعور بالألم. تلك الأنواع موجودة في الحليب (اللاكتوز)، وبعض الفاكهة (لا سيَّما الفركتوز الزائد والبوليولات)، وبعض الخضراوات مثل عيش الغراب، والبقوليات، والصلصة، وكرنب بروكسل (السكريات قليلة التعدد، والبوليولات، إلخ).

أضف إلى معلوماتك

البوليولات: احذر من التأثيرات الملينة

البوليولات (الإريثريتول، والإيسومالت، واللاكتيتول، والمالتيتول، والسوربيتول، والإكسيليتول) جميعها بدائل للسكر أو مُحليات تُستخدم في صناعة الأطعمة منخفضة السكر (العلكة، والبسكويت، والشوكولاتة، إلـخ). وهـي مجموعة من الكربوهيدرات سيئة الهضم، لا تمتصها الأمعاء الدقيقة إلا جزئيًّا: الجزء المتبقي يتخمر في القولون، فيسبب الانتفاخ والإسـهـال. لذا من الواجب التنويه على أغلفة تلك المنتجات بأن «الاستهلاك الزائد على الحد قد يكون له تأثير ملِّين».

تعزيز المناعة ضد الأمراض

في الشتاء، تدفعنا برودة الجو في أغلب الأحيان إلى التهام مزيد من الطعام، ولا سيَّما الحلويات. وهذا كافٍ جدًّا لتدب فينا القوة من جديد، أليس كذلك؟ كلا، ما يحدث هو النقيض تمامًا، ففائض السكر المكرر يُزيد احتمالات الإصابة بالالتهاب، ويسبب خللًا في الأمعاء - العضو الرئيسي في الجهاز المناعي ويضم 70-80% من الخلايا الدفاعية - مما يتلف حواجزنا الواقية المناعية. إضافةً إلى ذلك، يتضح أن خلايا الدم البيضاء تبدو أقل فعالية في غضون ساعات قليلة من تناول السكر. إذن، من أجل مقاومة أفضل لأمراض الشتاء، يجب أن نقلل من استهلاك السكر الذي نتناوله في الكعك أو الخبز المحشو بالمربى، والاكتفاء بالسكر الموجود بشكل طبيعي في الكيوي (فاكهة تتمتع بمؤشر جلايسيمي منخفض وتحتوي على الألياف ومضادات الأكسدة وفيتامين «ج» بوفرة) أو الزبادي (مصدر غني بالبروبايوتيك وهي بكتيريا دقيقة حية وخمائر مفيدة للنبيت في الأمعاء). لا شك أن لديك حلفاء حقيقيين لجهازك المناعي!

المحافظة على الصحة على المدى البعيد

تحسين المعايير البيولوجية

المنفعة الأولى التي ستعود علينا من استقرار مستوى السكر في الدم، تتمثل في انخفاض خطر الإصابة بمرض السكري من النوع الثاني، لكن هذه المنفعة ليست منتهى المطاف! فبجانب توخي الحذر من الإصابة بمرض السكري من النوع الثاني، تجدر الإشارة إلى أن اتباع نظام غذائي غني بالسكريات له تأثير ضار على مستويات الكوليسترول أيضًا. وفي الواقع، أظهرت الدراسات أن الأشخاص الذين يستهلكون فائضًا من السكريات المضافة، لديهم مستوى منخفض من «البروتين الدهني عالي الكثافة» (والطبيعي هو أن نسعى لزيادة هذه النسبة)، بالمقارنة مع الأشخاص الذين يستهلكون القليل من السكريات المضافة، فضلًا عن زيادة نسبة الدهون الثلاثية.

ما الجذور الحرة؟

إنها ذرات أو جزيئات ذات إلكترون واحد حر (غير متصل بآخر)، وهي غير مستقرة، تُنتج على الدوام في الجسم تحت تأثير الأكسجين، وتتسبب حتمًا في شيخوخة الخلايا: الجلد، والقلب، والشرايين، والدماغ، والعينان، والمفاصل، والحمض النووي، إلخ. ويمكن مقاومة تأثيرها بواسطة مضادات الأكسدة (في الفاكهة، والخضراوات، إلخ)، لكن يمكن أيضًا زيادة إنتاجها بفعل عوامل مختلفة: الإجهاد، والتلوث، وتناول العقاقير، واتباع نظام غذائي ضار.

الحد من التهاب الخلايا

يزيد النظام الغذائي الغني بالسكريات والأطعمة المكررة والمعالجة من تكوين الجذور الحرة (انظر الإطار)، التي تؤدي إلى الإصابة بالالتهابات المزمنة وأمراض القلب والأوعية الدموية، وأيضًا أمراض المفاصل. وعلى النقيض من ذلك، فإن النظام الغذائي ذا الحِمل الجلايسيمي المنخفض يحمل بين طياته تأثيرات مضادة

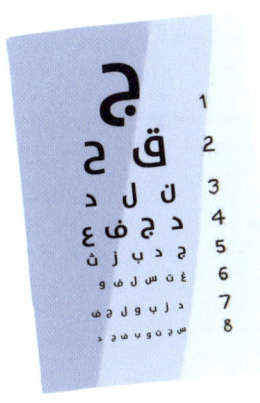

للالتهابات. والجدير بالذكر أيضًا أن السكريات تتسبب في بعض الأمراض الخطيرة مثل السرطان، من خلال زيادة إفراز بروتين السوماتوميدين (عامل النمو الشبيه بالأنسولين) الذي يزيد من تكاثر الخلايا، بما في ذلك الخلايا السرطانية.

الحماية من الاضطرابات البصرية

عند ارتفاع نسبة السكر في الدم، تزداد سماكة الأوعية الدموية، وتبدأ في التصلب. والمقصود هنا جميع الأوعية الدموية في الجسم، بما فيها الأوعية الرقيقة والهشة التي تغذي شبكية العين. وهذا يفسر السبب الكامن وراء إصابة مرضى السكري بإعتام عدسة العين بالتدريج أو بالجلوكوما في سن مبكرة. وللتمتع ببصر قوي، هناك كثير من مصادر مضادات الأكسدة (الجزر، والتوت الأزرق، والسبانخ وغيرها من الخضراوات الورقية الخضراء، والأسماك الدهنية، ومصادر أوميجا 3...)، التي تعد أفضل بكثير من المارشميلو والكراميل المملح.

الحد من مخاطر الإصابة بأمراض الكبد الدهنية

يصيب التهاب الكبد الدهنية غير الكحولية 20-40% من البالغين، وينتج عنه تراكم الدهون في الكبد، وإذا لم يُجرَ تشخيص المرض وعلاجه في وقت مبكر، فيمكن أن يتطور إلى تندب دائم في الكبد، ثم تليُّف، أو حتى سرطان في مرحلة أخيرة. وللحفاظ على كبد صحية، أو للوقاية من الإصابة بمرض الكبد الدهنية غير الكحولية، هناك خطوتان يجب اتباعهما: النظام الغذائي الصحي، والنشاط البدني. وفي الواقع، ينجم عن اتباع نظام غذائي ذي مؤشر جلايسيمي منخفض، مع تقليل السكريات المضافة، انخفاض نسبة الدهون في الكبد، فضلًا عن انخفاض مستوى ناقلات الألانين، وهو إنزيم يشير إلى حدوث تلف في الكبد.

تحسين صحة الفم والأسنان

يؤدي تناول السكريات بإفراط إلى تسوس الأسنان. لقد ترددت هذه الجملة مرارًا وتكرارًا على مسامعنا منذ كنا صغارًا، فما الذي يجري؟ تتراكم بقايا الطعام بعد كل وجبة على الأسنان، وإذا لم نُزلها بواسطة الفرشاة، فستكون أسناننا عرضة للهجوم وتستوطنها البكتيريا الكامنة في اللعاب. وحين نتناول السكريات، تتكاثر هذه البكتيريا في طبقة البلاك، وتطلق الأحماض التي تُضعف المينا، وتتسبب في التسوس أو أمراض اللثة. ملحوظة: الأشخاص المصابون بداء السكري أكثر عرضة للإصابة بالتهابات الفم والأسنان، بسبب حلاوة اللعاب وضعف مقاومة الالتهابات.

استعادة التوازن الميكروبي للجسم (مكافحة داء المبيضات)

يتسبب السكر الزائد في الإصابة بالتخمر المعوي والانتفاخ واختلال التوازن البكتيري (نمو البكتيريا المسببة للأمراض أو الخمائر). وأحد أنواع هذه البكتيريا يمثل خطرًا كبيرًا علينا، وهي «كانديدا ألبيكانز»، التي تشكِّل جزءًا من التوازن الميكروبي وتكون مفيدة للجسم. ولكن إذا نمت هذه البكتيريا في بيئة غنية بالسكريات والأحماض فإنها تتكاثر بسرعة شديدة، ويمكن أن تبطِّن جدار الأمعاء، وتعوق امتصاص بعض العناصر الغذائية، فضلًا عن أنها تسبب اضطرابات في الجهاز الهضمي (حرقة المعدة، والانتفاخ، والإسهال المزمن، والإمساك، إلخ)، والشعور بالتعب والإرهاق والاكتئاب. ولوقاية أنفسنا من بكتيريا المبيضات البيضاء، من الضروري تناول كميات أقل من السكريات، وكميات أقل من الأطعمة المكررة (المكرونة، والخبز، والأرز الأبيض)، وتناول مزيد من الخضراوات الغنية بمضادات الأكسدة.

استعادة التوازن الحمضي القاعدي

يُعَد التوازن الحمضي القاعدي في الجسم من التوازنات الرئيسية التي تضمن له الأداء السليم، ولهذا يمتلك الجسم درجة حموضة مثالية تتيح له العمل بأفضل ما لديه لتجنب الإصابة بالاضطرابات والأمراض المختلفة، وهي: 7.4 (7: درجة حموضة محايدة. 1: درجة شديدة الحموضة. 14: درجة شديدة القاعدية). ومع ذلك، تتضرر أجسامنا من جراء حموضة بعض الأطعمة، على الرغم من عدم الإفراط في تناولها: اللحوم، والأسماك، والمنتجات المُصنعة، والمشروبات، والقهوة، إضافةً إلى السكريات ورقائق الحبوب. وتنال الحموضة الزائدة من مخزون المعادن في الجسم (المرحلة التي تسبق هشاشة العظام)، وتبطئ وظائفه الحيوية، مما يؤدي إلى زيادة الإرهاق واختلال التوازن البكتيري في الأمعاء واضطرابات الجهاز العصبي. ولا تزال الفرصة سانحة أمامنا لاستعادة التوازن الحمضي القاعدي لأجسامنا، من خلال استهلاك كميات أقل من السكر ومزيد من الخضراوات والمنتجات الطبيعية الخام.

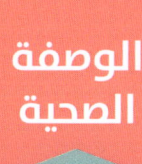

الوصفة الصحية

النقاط الخمس الأساسية التي يجب معرفتها عن السكر والسكريات.

1. **إعطاء الأولوية للأطعمة ذات المؤشر الجلايسيمي المنخفض أو المتوسط:** الفاكهة، والخضراوات الطازجة، والبقوليات، والحبوب الكاملة، إلخ. ووضع قوائم طعام متوازنة، وتناول هذه الأطعمة مع البروتينات (اللحوم، والأسماك، والبيض، إلخ) وقليل من الدهون.

2. **ثمة أطعمة تشبه الأصدقاء المزيفين:** مثل: الأرز الأبيض، والمكرونة المصنوعة من الحبوب غير الكاملة، فهي ذات مؤشر جلايسيمي مرتفع جدًّا يفوق السكر، ولا سيَّما إذا تعرضت لعملية الطهي الكامل، لذلك تجب مراقبة حالة الطهي دائمًا: بالنسبة إلى الأرز والمكرونة لا بد من المحافظة على بعض الصلابة بعد الطهي!

3. **الحد من تناول الأطعمة ذات المؤشر الجلايسيمي المرتفع (الحلويات، والكعك، إلخ):** من خلال السعي الدائم إلى خفض مؤشرها الجلايسيمي بتناولها مع أطعمة أخرى منخفضة المؤشر الجلايسيمي. سيكون للمعجنات تأثير أقل على نسبة السكر في الدم إذا جرى تناولها في نهاية وجبة تحتوي على الخضار والبروتين، فهذا أفضل من تناولها بمفردها في منتصف النهار!

4. **لا بد من مراقبة الحِمل الجلايسيمي للوجبة وكمية الطعام التي نتناولها:** على الرغم من أن بعض الأطعمة تحتوي على مؤشر جلايسيمي منخفض، فإنه يجب عدم تناولها كيفما يحلو لنا، وفي أي وقت. تذكَّر جيدًا أن حصة الفرد من المكرونة أو الأرز تتراوح بين 60-80 جرامًا قبل الطهي.

5. **يجب أن يقتصر الاستهلاك على 25 جرامًا من السكريات الحرة في اليوم:** وهذا وفقًا لتوصية منظمة الصحة العالمية. ونعني بالسكريات الحرة تلك التي نضيفها بأنفسنا (أو تلك التي يضيفها المُصنعون) إلى الطعام، وتلك التي نجدها كمكوِّن طبيعي في العسل وعصائر الفاكهة.

الجزء الثاني

تدريبات الدكتور جوود!

هل ترسخت لديك القناعة بأهمية تقليل
استهلاكك للحلويات والأطعمة المكررة؟ رائع جدًّا!
الآن، سنشرح كيفية فعل ذلك، بصورة عملية،
من دون أن تتكبد أي خسائر (ومن دون أن تفقد لذة التذوق)!

الفصل الأول

اليقظة عند التسوق

تختلف المكونات من منتج غذائي إلى آخر كمًّا ونوعًا، وقد يحتوي بعض منها على كميات هائلة من السكر، وهذه لا بد من الاستغناء عنها!

استبعاد الأطعمة التي تحتوي على سكريات مخفية

ما الأطعمة التي تحتوي على السكريات المخفية؟

وفقًا لمنظمة «فوود ووتش»، فإن 74% من الأطعمة التي تُباع في محال السوبر ماركت تحتوي على السكر المضاف، ويمكننا أن نلاحظ ذلك بوضوح بين مكونات الأطعمة المالحة: الخل، والصلصات، والخبز المعبأ سلفًا، والمعلبات، والحساء، والوجبات الجاهزة، والأطباق المطهوة باللحم المفروم، وبعض أنواع اللحوم الباردة، إلخ. ولا بد أن نتوخى الحذر من الأطعمة منخفضة الجودة، نظرًا إلى أنها تُصنع في أغلب الأحيان من مكونات ذات نكهة معتدلة، حيث يعكف المصنعون على تعزيز النكهات عبر إضافة الملح والدهون والسكر. وفي حالة الاختيار من بين الأطعمة المذكورة، من الضروري مقارنة قوائم المكونات.

كيف نكتشف السكريات المخفية في الأطعمة المعلبة والمغلفة؟

عن طريق قائمة المكونات

حين نلقي نظرة على قوائم المكونات (الطويلة جدًّا أحيانًا)، سنرى أن بعض المصطلحات تشير إلى وجود السكريات: الفركتوز، والجالاكتوز، والجلوكوز، وعصير الفاكهة، وعصير الفاكهة المركز، واللاكتوز، والمالتوديكسترين، والمالتوز، ودبس السكر أو العسل الأسود، والعسل، والسكروز، وشراب الجلوكوز المجفف، وشراب الذرة، وشراب الشعير، والشراب الصناعي المحلَّى، إلخ.

ضمن قائمة المعلومات الغذائية

عن طريق المعلومات الإلزامية التي يجب أن تُدرج في قائمة المكونات الملصقة على المنتجات الغذائية المعلبة والمغلفة، لا بد أن نفرق بين هذين المكونين:

- مُكون «الكربوهيدرات»، الذي يبين مقدار المحتوى الإجمالي من الكربوهيدرات، إضافةً إلى الكربوهيدرات البسيطة والمركبة للمنتج، الطبيعية أو المُضافة.
- مُكون «السكريات»، الذي يُشير إلى الكربوهيدرات البسيطة من نوع «السكريات الأحادية» (الفركتوز، والجلوكوز، والجالاكتوز، واللاكتوز، والمالتوز، والسكروز)، الطبيعية أو المُضافة.

في أثناء التسوق، لا غنى عن إلقاء نظرة متفحصة على نسب السكر المدرجة في قائمة المعلومات الغذائية، لكي نقارن بين المنتجات المتشابهة، ونختار المنتج الذي يحتوي على نسبة أقل من السكريات. على سبيل المثال: حين نقارن بين منتج حبوب الإفطار برقائق الشوكولاتة المقرمشة، ومنتج رقائق الحبوب «موسلي»، سنلاحظ أن كمية الكربوهيدرات الإجمالية متماثلة تقريبًا (نحو 70 جرامًا)، وذلك لأن الحبوب أحد مكونات المنتجين، لكن يمكن ملاحظة الفرق في بند «السكريات»: المنتج الأول يحتوي على 29 جرامًا، والثاني يحتوي على 9 جرامات فقط!

أبطال السكريات المخفية

القهوة المثلجة بنكهة الكراميل

القهوة المثلجة المُنكَّهة، التي نجدها بسهولة في بعض سلاسل المقاهي، تحتوي على كمية كبيرة من السكر. أما بالنسبة إلى قهوة الكراميل والحليب منزوع الدسم، ذات الحجم الكبير، فقد يصل مجموع ما تحتوي عليه من السكريات إلى 55 جرامًا!

الصلصات بالتوابل (تشاتني)

تحتوي صلصة المانجو في دجاج تكا المتبَّل (طبق هندي) على 55 جرامًا من الكربوهيدرات لكل 100 جرام من الدجاج. في المقابل، تحتوي صلصة الخردل على 4.4 جرام من الكربوهيدرات لكل 100 جرام. لا تعليق!

الكاتشب

تحتوي كل 100 جرام من صلصة الطماطم (الكاتشب) على 23 جرامًا من الكربوهيدرات (بما في ذلك سكر الطماطم بالطبع).

الصلصة الحارة (سريراتشا)

لا تخلو طاولات المطاعم الآسيوية من هذه الصلصة الحارة، وتحتوي كل 100 جرام منها على 17.5 جرام من السكريات (الكربوهيدرات). وإذا كنت ممن يعشقون النكهات الحارة، فإليك صلصة توباسكو (0.8 جرام فقط).

الصلصة الحلوة الحامضة

تتميز هذه الصلصة الآسيوية المصنوعة من معجون الطماطم والخوخ المالح والثوم والزنجبيل والفلفل الحار بنكهة حلوة أيضًا، وتحتوي كل 100 مل على 46 جرامًا من السكر! أضف إلى معلوماتك، أن الصلصة الخاصة بلفائف الخضراوات المقلية تنتمي إلى الفئة ذاتها، وتحتوي على 44 جرامًا من السكر لكل 100 مل.

أضف إلى معلوماتك

المنتجات الخالية من السكر تحتوي على السكر!

قاموس[1] بالمصطلحات الموجودة على المعلبات والأغلفة:

- «يحتوي على السكريات»: يجب أن يحتوي المنتج على سكريات أقل بنسبة 30% بالمقارنة مع منتج مماثل غير منخفض السكريات.

- «بلا سكريات»: لا يحتوي المنتج على أكثر من 0.5 جرام من السكريات لكل 100 جرام منه.

- «منخفض السكريات»: لا يحتوي المنتج على أكثر من 5 جرامات من السكريات لكل 100 جرام (ولا يزيد على 2.5 جرام لكل 100 مل عندما يكون المنتج سائلًا).

- «خالٍ من السكريات المضافة»: يُصنَّع المنتج من دون إضافة السكروز والفركتوز وشراب الجلوكوز والعسل، وهـذا لا يعني أنـه لا يحتوي على السكريات الطبيعية!

تحذير: في بعض الأحيان، تُوضع علامة (*) قبل المصطلح، وهـذا يعني أن المنتج «يحتوي على السكريات الطبيعية الموجودة في الفاكهة». إذن، قد يحتوي المنتج على عصائر الفاكهة المركزة.

---

1 بناءً على القانون التنظيمي رقم 2006/1924 الصادر عن البرلمان الأوروبي والمجلس الأوروبي بتاريخ 20 ديسمبر 2006، بشأن الادعاءات الصحية (ملصقات المنتجات) للسلع الغذائية.

صلصة السلطات

توجد أنواع كثيرة من السلطات في أكثر من مطبخ حول العالم يكون المايونيز فيها مكونًا أساسيًّا، وتحتوي على شراب الجلوكوز والسكر...

ناجتس الدجاج

يضاف إلى قطع الدجاج المغلفة بفتات الخبز القليل من سكر العنب والسكر بالكراميل، كي تكتسب نكهة جميلة ولونًا رائعًا. وفجأة، تبلغ نسبة السكر في قطعة الدجاج الواحدة 1.5 جرام. تذكَّر جيدًا أن نسبة السكر في شريحة الدجاج النيئة صفر.

رقائق البطاطس المقلية المُنكَّهة

تحتوي بعض تلك المنتجات المقلية والمُنكَّهة على السكر بجميع أشكاله (دكستروز، وشراب الجلوكوز، ومالتوديكسترين...)، ولكن إذا أردت تناول نوع بديل من المقبلات، يمكنك أن تدهن شرائح الخبز الصغيرة بالتونة المُعدة في المنزل، أليس كذلك؟

مقاطعة شراب الذرة عالي الفركتوز

ما شراب الذرة عالي الفركتوز؟

بوجه عام، هو الشراب المصنوع من الذرة، ويحتوي على الجلوكوز (ذي المؤشر الجلايسيمي 100 شديد الارتفاع!) وعلى الفركتوز بنسب متفاوتة. ويتمتع هذا الشراب بقوة تحلية أعلى من السكر (110-120 مقابل 100)، وله خصائص «محسِّن النكهة» ذاتها، وذو تكلفة أقل. ولهذا، يُستخدم على نطاق واسع من قِبل الشركات المصنعة.

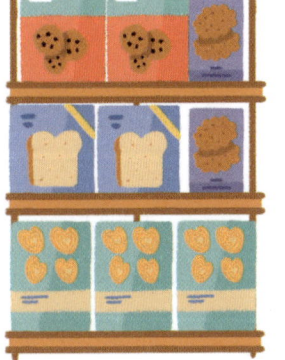

أين نعثر عليه؟

يدخل ضمن مكونات العديد من المنتجات الغذائية: بعض البسكويت المحشو، وكعكة الزنجبيل، والمربى، والعصائر، والمشروبات الحلوة، وبعض الوجبات الجاهزة، والصلصات، واللحوم الباردة أيضًا. في أغلب الأحيان تكون هذه المنتجات «منخفضة التكلفة»، وتجدون في قائمة المكونات هذا المكوِّن: شراب الذرة أو شراب الذرة عالي الفركتوز.

ما المشكلة؟

تكمن المشكلة في الفركتوز، فحين يُستهلك بكميات صغيرة يجري استقلابه في الأمعاء الدقيقة، وبالكاد ترتفع نسبة السكر في الدم، وهو أمر رائع للغاية! لكن حين نفرط في استهلاكه، ينتهي الأمر بتعطيل عملية التمثيل الغذائي، وتحدث معالجة فائض السكر في الدم بواسطة الكبد مباشرة، مما يشكِّل حملًا زائدًا عليها وينهكها على المدى الطويل. ويُعتقد أن الإفراط في استهلاك الفركتوز، الذي يُستخدم

على نطاق واسع في صناعة الأغذية، هو المسؤول جزئيًّا عن تفشي أمراض التمثيل الغذائي. ويـؤدي الفركتوز على المدى الطويل، بسبب استهلاكه المفرط، إلى زيادة الالتهابات، وارتفاع مستوى الدهون الثلاثية والكوليسترول، وخطر مقاومة الأنسولين، والإصابة بمرض الكبد الدهنية غير الكحولية (انظر صفحة 25)، وزيـادة الـوزن (يخزن الجسم الفركتوز الزائد في هيئة دهون مباشرة)، وكذلك ارتفاع مستوى حمض البول في الدم. ويُعتقد أن الجرعات الكبيرة من الفركتوز تُسرع من الإصابة بالشيخوخة المبكرة، وتزيد من مخاطر الإصابة بالعديد من الأمراض الأخرى. ألا تتملكك الرغبة الآن في بصق قوالب الحلوى المحشوة؟

خلاصة القول

تعويض نقص السكر بالمُحليات ليس فكرة جيدة!

إلى جانب الجدل الدائر حول الأسبارتام (هل هو مادة مسرطنة؟)، فإن تعويض نقص السكر بالمُحليات ليس بالفكرة الصائبة. فقد تؤدي المُحليات الصناعية إلى مشكلات في الجهاز الهضمي، خصوصًا أن العديد من الدراسات أظهرت أنها تسبب اختلال التوازن البكتيري أو «اختلال الميكروبيوم»، وانخفاض تنوع البكتيريا (تتأثر بشكل خاص كمية بكتيريا البيفيدوباكتيريا، وهي البكتيريا «المفيدة للجسم»). وإذا أشرنا إلى الاتهامات الموجهة للأسبارتام والسكرالوز، فهما ليسا الوحيدين. خلاصة القول: إن القليل من «السكر الجيد» (العسل، والسكر الكامل...) أفضل بكثير من السكريات الزائفة.

ماذا عن الفركتوز الطبيعي في الفاكهة؟

تتكون سكريات الفاكهة في الغالب من الفركتوز (وكذلك الجلوكوز والسكروز... بكميات أقل)، لكن نسبة الفركتوز في الفاكهة متوسطة، وتمتزج دائمًا بالألياف والفيتامينات والمعادن ومضادات الأكسدة. وهذه النسبة لا تقارن البتة بنسبة الفركتوز في شراب الذرة!

الفصل الثاني

سكر أقل بنوعية أفضل

الخبر المبهج بعد كل ما سبق، أنه لا مانع من مواصلة الاستمتاع بتناول الوصفات حلوة المذاق، ولكن من الضروري أن تضع نصب عينيك كيفية التوفيق بين الرغبة الجارفة والعادات الصحية الجيدة.

تجنُّب مصائد السكر الثماني

1. شُرب عصير الفاكهة على معدة فارغة

أول ما نفعله في الصباح، نشرب كوبًا كبيرًا من عصير البرتقال الغني بالفيتامينات! ولكم أن تتخيلوا تأثير الشحنة الهائلة من السكر التي يستقبلها الجسم، مع خلو العصير من أي نسبة ألياف، إذ يبلغ المؤشر الجلايسيمي 50، والنتيجة الحتمية لذلك ارتفاع معدل السكر في الدم. إذا كنت ممن اعتادوا اتباع قائمة طعام حلوة المذاق (الخبز، والمربى، والمعجنات، إلخ)، فلا شك أنك تترقب بنفاد صبر وبنهم شديد وجبة الساعة الحادية عشرة صباحًا، وقد أجمع خبراء التغذية على أنه لا شيء يضاهي الوجبة الغنية بالبروتينات عند الصباح (الخبز، والجبن، والبيض المسلوق، إلخ) مع قليل من السكر، لضمان عدم الشعور بالخمول أو التراخي.

2. احتساء المشروبات الغازية عند الإجهاد أو مع الوجبات

هل باغتك الشعور بالإجهاد والتعب أمام شاشة الكمبيوتر؟ مشروب غازي وبعض قطع البسكويت، وستعود الأمور إلى نصابها الصحيح! ولكن إلى جانب مشكلة نقص السكر في الدم التي تقف لك بالمرصاد، فإنك بهذا تتناول كثيرًا من السعرات الحرارية المنخفضة. لذا من الأفضل لك أن تقضم ثمرة فاكهة وتتناول القليل من حبات اللوز مع مشروب ساخن. ينطبق الأمر ذاته عند تناول وجباتك الأساسية، فالسكر الموجود في المشروبات الغازية يزيد من إفراز الأنسولين، وبالتالي يعزز تخزينه في الخلايا. ويبقى الماء هو الخيار الأفضل والأمثل.

3. تحلية كمبوت الفاكهة المعد منزليًّا

نحن على يقين من أنك ستبلي بلاء حسنًا إذا تناولت الفاكهة المطبوخة بالسكر (كمبوت) بحسب مثال توارثته الجدات! هذا أمر صحيح لا يقبل الجدل، ما دمت لم تضف السكر إليها، وهذا ما يجب أن تفعله. ينبغي لك أن تتبنى عادات صحية جديدة! وللحصول على كمبوت ذي نكهة حلوة، لا بد أن تختار الفاكهة ذات المذاق الحلو (ليس التفاح منخفض الجودة غير الناضج)، ثم تضيف إليها القليل من الفانيليا وقشور البرتقال أو الليمون المبشور وحبوب التونكا والزنجبيل الطازج أو القرفة. في الواقع، تحتوي القرفة على مركبات الفلافونويد الخاصة، التي تحفز مستقبلات الأنسولين، وبالتالي تساعد على التحكم في نسبة السكر في الدم.

4. تناول صلصة الصويا الحلوة مع السوشي

آسف لإحباطك، ولكن هذا النوع مرفوض، «فالمطبخ الياباني لا يحتوي على أغذية صحية»، ونحن نتحدث هنا عن قوائم طعام يعرضها متعهدو الطعام في كل ركن من أركان الشوارع. الأرز المستخدم في تحضير السوشي وأطباق الماكي والشيراكي مُكرَّر، ويُضاف السكر إلى مكونات تلك الأطباق، لذا فإن مؤشرها الجلايسيمي مرتفع للغاية. أضف إلى كل هذا صلصة الصويا الحلوة (21% سكر) التي تغمس فيها قطع الطعام ببهجة عارمة، أو أسياخ ياكيتوري (5 أسياخ صغيرة = 13 جرامًا من السكر)، عندئذ، ستبصر أمامك قائمة طعام ذات مؤشر جلايسيمي مرتفع جدًّا. هذا يمر من حين إلى آخر بالطبع، لكن ليس كل يوم!

5. احتساء مشروب طاقة في المساء

يصاب الجسد بحالة من الخمول والتراخي قرب منتصف الليل، ولكن هل ترغب في رفع مستوى نشاطك الذهني والجسدي؟ عندها ستلجأ على الفور إلى منتج يحتوي على مستويات عالية من الكافيين الممزوج بنكهات وإضافات أخرى متعددة! ولكن دعني أضع نصب عينيك حقيقة مفادها أن علبة مشروب الطاقة التي تركض نحوها مهرولًا تحتوي على 27 جرامًا من السكر (نعم، نعم، العلبة الصغيرة)، وهو مزيج من السكروز والجلوكوز (بهدف رفع المؤشر الجلايسيمي، ومنح الجسد والذهن دفعة قوية بأقصى سرعة ممكنة). بينما تشير منظمة الصحة العالمية إلى ضرورة استهلاك الفرد 25 جرامًا يوميًّا كحد أقصى. سأدعك تحكم بنفسك!

6. الظن بأن المشروبات المخفوقة الحلوة (سموذي) مسموح بها لأنها من الفاكهة

بفضل عبواتها الجميلة الجاذبة للانتباه، التي تمنحك الانطباع بأنك ستغدو مفعمًا بالطاقة، وسيتخلص جسمك من السموم، تظل هذه العصائر مصدرًا خطيرًا للسكريات! عندما تشرب كوبًا بسعة 250 مل من عصير الفراولة، فأنت في الواقع تأكل 7 حبات من الفراولة، ونصف تفاحة، ونصف موزة، و13 حبة من العنب الأبيض، وعددًا من حبات الكشمش الأسود، وقطعة من البرتقال، و30 جرامًا من الكربوهيدرات! هل كنت ستتناول هذه الكمية «الصلبة» ذاتها من الفاكهة؟ غير متيقن من الإجابة! ينطبق الأمر ذاته على شراب «سموذي» المحضَّر في المنزل.

7. خل العنب (البلسميك) أو كريمة البلسميك وسوء استخدامهما

خل البلسميك اللذيذ يمكن إضافته إلى سلطة الطماطم! ولكن، وفقًا لوصفات الطعام، يمكن أن يحتوي هذا «الخل» على عصير العنب المركز وشراب الجلوكوز والفركتوز بنسبة 48 جرامًا من السكريات لكل 100 مل، أو أكثر من 7 جرامات لملعقة الطعام بسعة 15 مل! ويحمل خل البلسميك غالي الجودة (أكثر ندرة وأكثر تكلفة بالطبع) القدر ذاته من الحلاوة. ويحتوي المنتج منخفض التكلفة الموجود في السوبر ماركت على نحو 27 جرامًا من السكريات لكل 100 مل (مقارنة بـ1.5 جرام لخل العنب العادي).

8. طهي الوصفات الحلوة-المالحة

صدور البط بصلصة التوت، والدجاج المنقوع في شراب القيقب، والسلطة المُتبلة بخل العسل، وطبق الأجبان متعددة النكهات، ومنها جبن الغنم الباسكي مع مربى الكرز الأسود، أو جبن المانشيجو الإسباني مع معجون السفرجل، فضلًا عن الفطائر المحشوة بكبد الإوز مع صلصة التين، والدجاج بالكاري مع صلصة المانجو... جميعها نماذج للوصفات الحلوة-المالحة المتنوعة، لكننا في نهاية الأمر، نبتلع معها كمية هائلة من السكر!

نصيحة الدكتور جوود المُثلى!

تبنَّ قاعدة الـ2 يورو

من المستحيل أن تقضي يومًا كاملًا من دون قرمشة وجبة خفيفة! هل تُمني نفسك قائلًا: «أعد نفسي بأنني لن أكرر هذا غدًا»، وفي كل مرَّة تستسلم لإغراء الوصفات الشهية؟ إذا كنت تفتقر إلى الحافز، فإليك هذه النصيحة الرائعة: في كل يوم تقضيه من دون أن تلتهم الطعام الذي تُدمنه، ضع 2 يورو في حصالة، ثم اتخذ قرارًا بأن تكافئ نفسك بالمبلغ الكبير الذي جمعته (قصة شعر، تدليك...).

خدعة تحلية الوصفات بسكر أقل

من المؤكد أن السكر يُضفي حلاوة على المعجنات، وهو المكون الرئيسي والضروري لإنجاحها، حيث يمنح اللون الذهبي لكعك الفاكهة، والهشاشة ونعومة الملمس لحلوى المكرون، والانتفاخ لخبز البريوش، والطراوة للآيس كريم. ولهذا فإن الوصفات التي يدخل في مكوناتها بدائل السكر (أسبارتام، ستيفيا، إلخ) تظل باهتة اللون، وغالبًا ما تكون غير مستساغة. يجب أن تتوخى الحذر أيضًا من العسل وشراب الأغاف وشراب القيقب، إذ إن النسبة العالية للماء فيها تُغير قوام العجين. وإذا كنت ترغب في صنع كعكة إسفنجية (جينواز) أو حلوى المارينج «كالمعتاد»، فمن المحال أن تعدل عن السكر إلى سكر القصب الخام، فتلك كارثة مؤكدة!

تقليل الكميات إذا أمكن

يمكنك، عمليًّا، عند تحضير كعكة الشوكولاتة أو الأرز باللبن أو حلوى البودينج، أن تُقلل كمية السكر المدرجة في وصفات التحضير «التقليدية» إلى النصف. على أي حال، تتميز هذه الأطعمة في معظم

الأوقات بمذاقها شديد الحلاوة. ولكن لم تعد هذه هي الحال مع الوصفات الصحية، التي غالبًا ما يُعاد النظر بشأنها، كي يعود الأمر بالنفع على صحة الإنسان.

استخدم التوابل

يمكنك تعويض نقص السكر باستخدام التوابل. تضفي الفانيليا الطبيعية مذاقًا لذيذًا وحلوًا، وهي الأكثر «حلاوة» من جهة عطرها، وتليها القرفة (مع العلم أن قرفة سيلان تترك مذاقًا حلوًا في الفم، في حين أن القرفة الصينية ذات مذاق لاذع). يمكنك أيضًا أن تجرب حبوب التونكا التي تحمل نكهة اللوز، ولا سيَّما في حلويات الألبان (أرز باللبن، وعصيدة السميد، إلخ). فكر أيضًا في ماء زهر البرتقال أو الورد. وإن كنت تحضِّر الزبادي في المنزل، أضف تلك المنكهات العطرية الخالية من السعرات الحرارية.

السكريات الطبيعية بدلًا من السكر الأبيض

بالنسبة إلى الكعك الطري (بالشوكولاتة، بالفاكهة، إلخ)، يمكنك العدول عن السكر إلى شراب القيقب (الكمية ذاتها) أو العسل (75% من الكمية). ولأن هذه المواد سائلة فستجعل العجين أكثر ليونة ومرونة، لذلك سيكون من الضروري في كثير من الأحيان خفض حرارة الفرن قليلًا وإطالة وقت الطهي. على النقيض من ذلك، لا يُفترض استخدام هذه المواد السائلة إذا أردت الحصول على كعكة متماسكة أو مقرمشة. أما بالنسبة إلى البسكويت، على سبيل المثال، فيُفضَّل استخدام السكر الخام أو سكر جوز الهند (علمًا بأن لون الكعكة أو البسكويت سيبدو أغمق، والنكهة ستكون أكثر مرارة بعض الشيء). لمزيد من التفاصيل حول استخداماتهما انظر صفحة 38.

فكر في الفاكهة المجففة وقشور الحمضيات

الزبيب، المشمش، التين، التمر، الخوخ... تُضاف سكرياتها الطبيعية إلى الأطعمة في أثناء التحضير. يُنصح بتناول عصيدة رقائق الشوفان عند الإفطار أو عصيدة بذور الشيا. أضف الفاكهة المجففة المقطعة إلى مكعبات صغيرة إلى الحليب المغلي، وستطلق روائحها الجميلة العطرة وسكرياتها. وإذا أعيد ترطيبها في سائل ساخن، ثم تصفيتها، ومزجها معًا بعد ذلك، فستشكِّل عجينة يمكن أن تحل محل السكر في قوالب الكيك المزينة بالفاكهة الطازجة أو في كعكات الشوكولاتة. فكر في الثنائيات الرائعة: هريس التمر المجفف في كعكة الشوكولاتة، وهريس التين المجفف في كعكة الزبادي، وهريس البرقوق المجفف في كعكة التفاح... يجب أن تفكر أيضًا في قشور الحمضيات المبشورة جيدًا حين تُمزج مع عجينة الكعك أو الحلويات المصنعة من الألبان: البرتقال، والليمون،

واللايم أو الليمون العطري (برغموت) إذا تمكنت من العثور عليه (يوجد في متاجر الأطعمة العضوية أحيانًا).

خدعة الموز والكمبوت (ونوع آخر من الدقيق)

بالنسبة إلى كعك المافن الـذي تتناوله عند الإفطار، يوجد حليفان مفضلان: الموز (ويفضَّل الناضج جـدًّا) وكمبوت التفاح (المُعد في المنزل، فماؤه أقل من الذي تشتريه من المتجر). استبدل بالكمية المحددة من السكر كمية مماثلة من الموز المهروس أو الكمبوت اللزج. وعلى سبيل المثال: بدلًا من ربع كمية الدقيق استخدم دقيق الكستناء (يمكنك تجربة دقيق الشوفان أو دقيق الـذرة، فمذاقهما حلو أيضًا). يُضفي هذا النوع من الدقيق طعمًا شهيًّا للغاية إلى الكعك، ويجعلك تنسى وتتغاضى عن محتوى السكر المنخفض فيه!

كعكة دقيق الكستناء

اخلط 150 جرامًا من دقيق القمح شبه المتكامل أو دقيق القمح البري، مع 100 جرام من دقيق الكستناء، ونصف كيس من الخميرة الكيميائية، و50 جرامًا من شراب القيقب. أضف 120 جرامًا من كمبوت التفاح (المنزلي الأكثر كثافة)، وثمرة مـوز ناضجة مقشرة ومهروسة جيدًا، وبيضتين، و70 جرامًا من الزبدة السائلة. ضع هذه المكونات في قالب حلوى مدهون بالزبدة، واتركه في الفرن لمدة 45 دقيقة على حرارة 180 درجة مئوية. راقب نضج الكعكة جيدًا: يجب أن يخرج نصل السكين المغروز في قلبها نظيفًا.

استخدام السكر الخام في الطهي

من أجل امتصاص السكر بصورة جيدة، يحتاج الجسم إلى بعض العناصر الغذائية، ولا سيَّما الكروم وفيتامينات المجموعة «ب». وعندما يكون السكر في حالته الخام يحتوي على العناصر الغذائية التي تشارك في عملية التمثيل الغذائي، ولكن عند تكريره يفقد تلك العناصر. ونتيجة لذلك، يضطر الجسم إلى استهلاك مخزونه الاحتياطي، ولا سيَّما من الكالسيوم والمغنيسيوم، مما يقلل المعادن في الجسم أو يستنزفها. ولا شك أننا يجب ألا نتخذ من استهلاك السكريات الطبيعية ذريعة لتحلية أكثر، فهدفنا المنشود هو الحد من استهلاك السكر عمومًا، ولكن هذه البدائل الصحية تستحق الاهتمام.

عسل النحل، سكر الخلية

نقاط القوة

يناسب العسل جميع الأذواق عمومًا، وبعض أنواعه لها طعم مميز (مثل: عسل الأكاسيا، أو الأزهار المختلفة)، وبعضها الآخر لها طعم متفرد (عسل الكستناء، أو العسل الجبلي). والعسل مزيج عبقري من الجلوكوز والفركتوز والعديد من السكريات الأخرى (السكروز، التاغاتوز، المالتوز، إلخ) إضافةً إلى الفيتامينات والمعادن

والمغذيات الدقيقة والقليل من البروتينات، ويتميز بخاصية احتوائه على الأحماض العضوية (بما في ذلك حمض الفورميك الذي يساعد على علاج التهابات الحلق والسعال) والإنزيمات. وتساهم هذه المـواد التي يجلبها النحل في عملية التحلل التدريجي السابق للسكريات، فتجعل العسل مكونًا قابلًا للهضم على نحو خاص. أما بالنسبة إلى المؤشر الجلايسيمي، فعسل الأكاسيا الأقل نسبة (نحو 30)، لأنه الأكثر احتواءً على الفركتوز.

الاستخدامات

يُعَد عسل النحل السائل أو اللزج عنصرًا مثاليًّا لتحلية الحلويات المُصنعة من الألبان. ويحتوي العسل المجمد على نسبة أعلى من الجلوكوز عمومًا، ويميل إلى التبلور أكثر من العسل السائل المحتوي على نسبة أعلى من الفركتوز. وللحفاظ جيدًا على عناصره الغذائية الثمينة وعلى الإنزيمات، فمن الضروري تجنب استخدامه في أثناء عملية الطهي، وإضافته في نهاية تحضير الوصفات التي تتطلب طهيًا، وتقليبه جيدًا حتى يتجانس تمامًا مع باقي المكونات. ولهذا السبب، يُنصح دائمًا بشراء العسل «غير المبستر». وعند الشراء، يُفضَّل المنتج الأجود في ظل وجود كثير من المنتجات الأخرى منخفضة الجودة، ويُنصح أيضًا بالمنتجات العضوية لضمان أن النحل لم يتغذَّ على السكر أو الجلوكوز، وإنما على البرية أو الغذاء العضوي، وأن خلايا النحل لم تُعالج بالشمع الكيميائي.

السعرات الحرارية: 250-300 سعرة حرارية/100 جرام.

تخلص من الأفكار المغلوطة!

سكر ستيفيا، ليس منتجًا طبيعيًا

ينمو هذا النبات في البرازيل، ويتميز بـأوراق ذات قوة تحلية طبيعية قوية، فهو يحتوي بالفعل على جزيئات ومركبات ستيفيوسايد التي تتميز بقوة تحلية تفوق قوة السكر 200-400 مرَّة. وقد تجد هذا المنتج مجففًا ومسحوقًا (في متاجر بيع المنتجات العضوية). وتكمن المشكلة في أنه يخلف في الفم نكهة العشب المجفف القوية، ولذلك أعـاد المصنعون النظر في الأمـر، وانتزعوا عنصر التحلية (جلوكوزيدات أ)، ووضعوا بدلًا منه مواد مضافة ليحتفظ بقوة التحلية من دون أن يخلف نكهة في الفم. والنتيجة أنه أصبح غير طبيعي على الإطلاق.

قشدة الشوكولاتة بالعسل

ضع 300 مل من حليب الأرز، و100 مل من حليب جوز الهند، و50 جرامًا من الشوكولاتة (70 أو 85%) المقطعة إلى قطع صغيرة، في إنـاء. وأضف 20 جرامًا من نشا الذرة المذاب سابقًا في 100 مل من حليب الأرز. سخن الخليط على نار متوسطة مع التحريك باستمرار حتى يصبح كثيفًا. ثم أضف ملعقتين كبيرتين من العسل، ثم قلب جيدًا بعيدًا عن النار. يقسَّم الخليط على 4 أوعية، ثم يترك ليبرد ويقدَّم باردًا.

سكر القصب الكامل، الأغنى بالمعادن

نقاط القوة

لا يمت بأي صلة للسكر ذي اللون «البني»، الذي يكتسب هذا اللون ببساطة عن طريق السكر الأبيض. يُستخلص سكر القصب الكامل، ويسمَّى أيضًا «رابادورا» أو «موسكوفادو»، من عصير قصب السكر المجفف وغير المكرر على الإطلاق. يحتوي هذا السكر على معادن كثيرة (البوتاسيوم، والكالسيوم، والمغنيسيوم، والفوسفور، والصوديوم، والحديد، والنحاس، والزنك، والفلور، إلخ) وفيتامينات (في الغالب المجموعة «ب») وأحماض أمينية متوفرة بكثرة في قصب السكر. لكن مؤشره الجلايسيمي يقترب من المؤشر الجلايسيمي للسكر الأبيض.

الاستخدامات

تبدو نكهته الحادة للغاية مميزة ولذيذة في منتجات الألبان، ويكفي القليل منه ليمنح نكهة طيبة للزبادي! ومع ذلك، فإن هذا النوع من السكر غير ملائم لجميع الوصفات بسبب مذاقه القوي الحاد ولونه الغامق الذي يُضفيه على وصفات الطعام. وهذا النوع من السكر مناسب جدًّا لكعكات الشوكولاتة أو فطائر الفاكهة.

السعرات الحرارية: 390 سعرة حرارية/100 جرام.

بسكويت «سابليه» بسكر «رابادورا»

اخلط 220 جرامًا من دقيق القمح الكامل، مع 100 جرام من سكر «رابادورا»، ورشَّتين من الملح الناعم وبيكربونات الصوديوم. أضف 100 جرام من الزبدة الطرية، وافرك العجينة بأطراف أصابعك حتى يصبح المزيج مثل الفتات، ثم أضف بيضة واحدة، وقلِّب جيدًا، لتصبح العجينة على هيئة كرة. دع العجينة تختمر 30 دقيقة في الثلاجة، ثم افردها بسماكة 5 مم، وقطعها بقطاعة البسكويت، واخبزها في الفرن لمدة 10 دقائق على درجة حرارة 180 درجة مئوية.

شراب القيقب

نقاط القوة

يُستخلص مباشرة من عصارة نبات القيقب، ويجري تركيزه عبر عملية التبخر، وهو حقًّا أحد أنواع السكر الطبيعية، ويُعَد مصدرًا للكالسيوم والبوتاسيوم ومضادات الأكسدة، ونكهته قوية جدًّا وفاتحة للشهية. لذا، يُنصح بعدم وضع الكثير منه ضمن وصفات الطعام! ويتكون في أساسه من السكروز، ويبلغ مؤشره الجلايسيمي نحو 55.

الاستخدامات

إذا كان الكنديون قد جعلوه مكونًا رئيسيًّا للكعك أو البسكويت المحشو أو لتزيين فطائرهم وتحليتها، فمن الأفضل - من منطلق الحيطة والحذر والحفاظ على الصحة - استخدامه في تحلية الزبادي أو الجبن

الأبيض، أو وضعه بدلًا من السكر في بعض وصفات حساء الشعير (العصيدة)، أو وجبات رقائق الشوفان المحلى المعدَّة في المنزل.

السعرات الحرارية: 265 سعرة حرارية/100 جرام.

سكر وشراب جوز الهند، للذوَّاقة

نقاط القوة

يُستخلص من عصارة زهرة جوز الهند. ووفقًا لمنظمة الأغذية والزراعة (الفاو)، تتطلب زراعة جوز الهند قليلًا من الماء، في حين أن ناتج السكر منه أعلى بكثير من ناتج قصب السكر. للحصول على لتر واحد من شراب جوز الهند، تحتاج إلى 6 لترات من العصارة، وهو الناتج اليومي لشجرة جوز الهند. تُصفَّى العصارة ثم تُركَّز من خلال عملية التسخين. ويُستخلص السكر من هذا الشراب، ويُذكر أن سكر وشراب جوز الهند يحتويان على المعادن (المغنيسيوم والحديد).

الأناناس المقلي في شراب جوز الهند

أزِل القشرة الصلبة لثمرة الأناناس، ثم قطع الأناناس إلى شرائح بسُمك 1-2 سم. ضع ملعقة كبيرة من زيت جوز الهند في مقلاة على نار هادئة، وحمِّر شرائح الأناناس من كلا الجانبين. أضف ملعقتين كبيرتين من شراب جوز الهند، وبذور نصف قرن فانيليا، ثم اترك المزيج على نار هادئة حتى يصبح عصير الأناناس كثيفًا بعض الشيء، ويكتسب نكهة حلوة. يُقدم فاترًا.

الجرانولا بشراب القيقب

تُمزج 300 جرام من دقيق الشوفان، مع 50 جرامًا من زيت جوز الهند المذاب، و80 جرامًا من شراب القيقب، و100 جرام من اللوز المطحون، ورشة من الملح، في إناء عميق. تفرد العجينة على صفيحة مبطنة بورق الزبدة، وتوضع في الفرن لمدة 40 دقيقة على درجة حرارة 150 درجة مئوية، وتُقلَّب بانتظام حتى تتخذ الجرانولا لونًا ذهبيًّا ومذاقًا مقرمشًا. ثم اتركها تبرد واحتفظ بها لمدة أسبوعين في وعاء محكم الغلق.

الاستخدامات

تعزز نكهتهما نكهة الفاكهة: لا يتطلب الأمر كثيرًا من العناء لإضفاء هذه النكهة على الأناناس المشوي في الفرن أو التفاح أو المانجو المقلي. ويمنحان مذاقًا مقرمشًا للبسكويت، ونكهة لذيذة الفطائر ومنتجات الألبان أيضًا.

السعرات الحرارية:

345 سعرة حرارية/100 جرام من شراب جوز الهند.

386 سعرة حرارية/100 جرام من سكر جوز الهند.

شراب الأغاف، مؤشر جلايسيمي منخفض، لكن...

نقاط القوة

يُستخلص من عصير الصبار المُركز، وموطنه الأصلي المكسيك، ويتميز بقوة تحلية عالية جدًّا (أطلقت عليه شعوب الآزتك اسم «ماء العسل»)، ويتمتع بخصائص فريدة تعود بالنفع على النبيت الجرثومي المعوي، وله مذاق فريد من نوعه. هذا الشراب غني بالفركتوز، ويحتوي على مؤشر جلايسيمي منخفض (نحو 20)، لكن هـذه النسبة المرتفعة من الفركتوز يجب ألا تجعل منه مصدرًا وحيدًا للسكر المستخدم في عملية الطهي (انظر صفحة 37).

الاستخدامات

يُعَد من المكونات المثالية للزبادي والكمبوت والفطائر والمشروبات التي يناسبها ولا يطغى على مذاقها، لكنه أقل ملاءمة للمعجنات لأنه سائل. على النقيض من ذلك، فهو يمنح نكهة لذيذة للمُحليات المعتمدة على الحبوب (مثل: الأرز باللبن، والسميد، والتابيوكا، والعصيدة، إلخ)، وما عليك سوى أن تضيفه إلى الوصفة بعد عملية التحضير.

السعرات الحرارية: 295 سعرة حرارية/100 جرام.

عصيدة بذور الشيا مع شراب الأغاف

قبل تحضير الوصفة بيوم، امزج 25 جرامًا من بذور الشيا، مع ملعقة كبيرة من شراب الأغـاف، و25 سنتيلترًا من الحليب نصف الدسم أو حليب اللوز، ثم دع هذا المزيج يختمر في الثلاجة. في اليوم التالي حرِّك الخليط حتى يتجانس وقدِّمه في وعاء. يُزيَّن بمكعبات الفاكهة الطازجة أو صلصة الفاكهة أو بعض البذور (القرع، الكتان، إلخ).

الفصل الثالث

حان وقت التنفيذ!

الآن بعد أن نلت قسطًا وافرًا من المعرفة، من أين ستبدأ؟ ببساطة، يجب عليك أن تتخذ بضع خطوات إلى الأمام من دون أن يؤثر هذا سلبًا على نمط حياتك، ومن دون الرغبة في اتباع تغيير جذري بين عشية وضحاها. سنضع بين يديك المفتاح السحري لدمج عادات جديدة إلى روتينك اليومي بسلاسة.

سبع خطوات عملية للاستغناء عن السكر

التوقف عن تحلية القهوة (أو الشاي)

اسأل نفسك هذا السؤال: لماذا لا أستطيع احتساء القهوة بلا سكر؟

- **الإجابة الأولى:** لأن مذاقها لن يكون جيدًا (ستغدو كأنها مسحوق مذاب في الماء الساخن).
- **الإجابة الثانية:** هذا الأمر لا يتماشى مع ذوقي، فأنا أفضِّل القهوة بطعم أستسيغه.
- **الإجابة الثالثة:** ببساطة، أنا لا أحب القهوة، ولكني أرغب في تناولها مرَّة واحدة في الصباح مع زملائي أسوة بهم.

حلول للإجابتين الأولى والثانية: توجَّه إلى مُحمصي القهوة، واحصل على أفضل النصائح. قد تكتشف أن القهوة «مونسون مالابار» تروق لك، وستتعلم كيفية تحضيرها، وتتقبل طعمها من دون إضافة أي ذرة من السكر.

حل للإجابة الثالثة: من الأفضل أن تختار مشروبًا آخر. لا يهم نوع المشروب، ما دمت ستتناوله برفقة زملائك.

تناول ما يكفي على المائدة (من دون تجاهل الأطعمة النشوية)

أحد أسباب الرغبة في تناول الحلويات - في النهار وعند وقت التحلية (فور الانتهاء من تناول الطعام)، نجد أنفسنا نلتهم بنفاد صبر علبتين من الزبادي وكمًّا كبيرًا من المربى، ثم نتناول الشوكولاتة مع القهوة - يعود إلى غياب النشويات من الوجبة. لا غنى عن إناء من الخيار، وطبق من الفاصوليا الخضراء كيلا تشعر بالجوع حتى حلول المساء! ولا بد لك من إدراج القليل من المكرونة أو الأرز أو البقوليات بانتظام في قوائمك أيضًا: حتى لو بلغ بك الأمر حد استهلاك الكثير من السعرات الحرارية، إلا أنك ستنجح في نهاية المطاف!

الشعور بمتعة تناول السكريات مرَّة واحدة أسبوعيًّا

أظهرت الدراسات أن أفضل طريقة للوقوع في الفخ تكمن في حرمان أنفسنا مما نحبه لفترة طويلة من الوقت. إذن، اسمح لنفسك بتناول الحلوى المفضلة لديك مرَّة واحدة في الأسبوع (لكن احذر من تناولها مرَّتين في الأسبوع ذاته): قطعة من فطيرة الفواكه (تاتان) مع الفانيليا أو كاسترد محلى بالكراميل. سيساعدك ذلك على الصمود بسهولة لوقت أطول.

التحول عن الحلوى إلى الشوكولاتة الداكنة (جدًّا) أو حبات اللوز

هل تتناول الحلوى كل يوم؟ إنها قنابل حقيقية من السكر (80-100 جرام من السكر لكل 100 جرام!)، ونادرًا ما يقتصر استهلاكنا على واحدة أو اثنتين! إذا كنت لا تستطيع مقاومة إغراء النكهات الحلوة فابحث عن شوكولاتة 85% أو 90% أو 99% بدلًا من الحلوى! تتسم الشوكولاتة بنكهة مُرة بعض الشيء، لكنها ممزوجة بالكاكاو وتذوب ببطء على اللسان، مما يمنح العقل وقتًا لاستيعاب وتدوين الرسالة! في البداية يبدو الأمر محيرًا، لكن في الواقع ستتمكن من اكتشاف نكهات معقدة ومركبة تدوم فترة طويلة في الفم. عليك أن تكتفي بكمية صغيرة حتى يهدأ شغفك، فكل 10 جرامات من الشوكولاتة الداكنة 99% تحتوي على 0.2 جرام من السكر! يمكنك أيضًا قضم عدد قليل من حبات اللوز (غير المملح)، والتي تتميز بنكهتها الحلوة ومؤشرها الجلايسيمي المنخفض.

تجربة الإفطار المالح

يُشكِّل اجتماع هذه العناصر معًا في وجبة الإفطار: المربى، والعسل، وخبز البريوش، وفطائر البانكيك، والمخبوزات الحلوة، والحبوب، وعصائر الفاكهة، جرعة هائلة من السكريات. وتشير الدراسات إلى أن وجبة الإفطار التي تحتوي على نسبة كبيرة من السكريات تتسبب في إصابة المرء بالإجهاد والتعب بحلول الساعة الحادية عشرة صباحًا. حاول أن تجرب وجبة إفطار تحتوي على نسبة من الملح، حتى لو لم تكن هذه هي إحدى عاداتك: الخبز، وشريحة من الجبن، والسلمون المدخن، والبيض المسلوق... إنها طريقة رائعة لتجنب استهلاك سيل هائل من الكربوهيدرات في الصباح!

اختيار قاعدة «مقبلات + طبق رئيسي + شاي أو قهوة» في وجبة الغداء

عندما تذهب لتناول طعام الغداء في الخارج، هل تميل إلى تناول «السمك، والخضراوات، وكعكة الشوكولاتة الذائبة» أكثر من «صلصة الكراث، والدجاج، والخضراوات»؟ يمكن الجزم بأن

أخبرني يا دكتور جوود

أتحرق شوقًا لتناول الحلويات في فترة ما بعد الظهيرة

هل أنت حقًّا في حاجة إلى تناول شيء سكَّري؟ اقضم تفاحة، أو دع مكعبًا من الشوكولاتة الداكنة يذوب ببطء شديد في فمك، واشرب كوبًا من الماء أو مشروبًا ساخنًا. هل تشعر بأن هذا لا يكفي وأنك ستقع في الفخ؟ اذهب واغسل أسنانك، فنكهة النعناع مثالية للتخلص من رغباتك الملحة!

الوجبة التي تحتوي على المقبلات تساعد على تجنب كمية كبيرة من السكر (في أغلب الأحيان توفر البروتينات والألياف المثبطة للشهية)، كما أن حبات اللوز الصغيرة الممزوجة بالكاكاو ستكون كافية لإضفاء نكهة حلوة!

الاعتياد على شاي الأعشاب إن كنت مُحبًّا للحلويات

هل لديك متلازمة تناول الأطعمة السكرية؟ عليك أن تُشبع نهمك باحتساء تلك المشروبات من دون إضافة السكر:

شاي رويبوس أو الشاي الأحمر: تقدِّم هذه الشجيرة الجنوب أفريقية مشروبًا سلسًلا يخلف نكهة حلوة في الفم، وهو ذو لون كهرماني، وطعمه غير قابض، وليست له طبيعة حمضية مثل الشاي أو القهوة. لذلك لن تعمل على تحليته.

منقوع الماء والفاكهة للتخلص من السموم: ضع شرائح الفاكهة والأعشاب لمدة 3 ساعات على الأقل في دورق من المياه المعدنية حتى لا يتأثر المشروب بأي نكهة أخرى. هناك عدة توليفات رائعة: شريحة من الأناناس مقطعة إلى مكعبات مع ساقين من أوراق النعناع الطازج، أو برتقالة مقطعة إلى شرائح مع ساقين من أوراق الزعتر، أو ليمونة صفراء وأخرى خضراء مقطعتين إلى شرائح مع ساقين من نبات إكليل الجبل.

منقوع الكاكاو: متوفر عبر الإنترنت وفي متاجر بيع المنتجات العضوية ولدى بعض مُصنعي الشوكولاتة، وهو عبارة عن قطع من قشور حبوب الكاكاو التي تُنقع في الماء (أو الحليب)، مثل أي مشروب عشبي آخر. والنتيجة: الحصول على مشروب حلو بنكهة الشوكولاتة، ولكن من دون سكر أو دهون!

نمط حياة صحي يجنب فقدان السيطرة

الاستمتاع من غير سكر أو سكريات

إذا كان السكر بالنسبة إليك علاجًا مقاومًا للإجهاد والضغط العصبي، فسيتعين عليك إيجاد بدائل أخرى غير قالب الشوكولاتة بالكراميل! لا شك أن كل واحد منا لديه مصدر يومي للمتعة (مصدر يشتت فكره بعيدًا عن الهدف المنشود!): الجلوس برهة من الوقت مع أحد الأصدقاء، أو الخروج في نزهة ممتعة مع حيوان أليف، أو الاستماع إلى الموسيقى، أو الذهاب إلى أحد المعارض، أو قضاء وقت هادئ في التلوين أو الحياكة أو القراءة. بغض النظر عن طبيعة هذا الوقت الرائع، فهذا سيُدخل البهجة إلى قلبك، وسيغدو مصدرًا للإشباع مقابل صفر جرام من السكر.

التركيز على ممارسة الرياضة والأنشطة المقاومة للتوتر

إذا كان الضغط العصبي يدفعك إلى تناول أطعمة تحتوي على نسبة عالية من السكر، فأفرغ طاقتك! هناك مَن يجد في ممارسة التمارين الرياضية المكثفة وسيلة للهدوء والاسترخاء، وهناك مَن يجد لذته في الأنشطة البدنية المعتدلة. الأمر المهم يكمن في اختبار دوافعك ومعرفة ما يلائمك. لماذا لا تنتهز فرصة ممارسة العديد من الأنشطة، والاستفادة من حزمة الأنشطة التجريبية التي تقدمها الأندية الرياضية، كي تعرف أي نشاط منها سيعود عليك بالنفع؟ تبدو اليوجا رياضة ممتعة ومثيرة للاهتمام، لأنها تجمع

بين تقنيات التنفس وتقوية العضلات والتركيز الذهني، فقد أظهرت دراسة أن ممارستها (لمدة اثني عشر أسبوعًا) تقلل التوق الشديد لدى الأشخاص الذين يميلون إلى الإصابة بالشره المرضي.

تجاهل الحميات القاسية والنظم الغذائية الصارمة

لا تتخذ مثل هذا القرار المباغت ذات صباح: «سأمتنع لمدة أسبوع عن تناول السكر والمكرونة والأرز والخبز ومنتجات الألبان واللحوم و...»! فكلما تزايدت حالة الحرمان التي يفرضها عليك النظام الغذائي الصارم، زاد احتمال كسر قواعده بعد أيام قليلة. إذا كان بعض الأصدقاء قد اتبعوا «صيامًا» متقطعًا أو أي نظم غذائية أخرى تتطلب منك تخطي بعض وجبات الطعام، وهذا النمط لا يتسق معك، فلا تقلدهم، إذ إن المحاكاة هي الطريقة المُثلى لإيقاظ الرغبة والاندفاع. وإذا كنت ترغب أو تحتاج إلى نقص وزنك، فابحث عن نظام متوازن يتضمن أوقاتًا من المتعة، وسيبدو أكثر إقناعًا على المدى الطويل.

استعادة النوم الهادئ المريح

ثمة علاقة وثيقة تجمع بين قلة النوم ومخاطر الإصابة بالسمنة أو داء السكري من النوع الثاني، فضلًا عن زيادة الشهية. في الواقع، تؤدي قلة النوم إلى الشعور بالإرهاق، ونسعى للتغلب عليه عن طريق احتساء مشروب حلو المذاق (ناهيك عن انعدام الرغبة في ممارسة الرياضة). إضافةً إلى ذلك، تنتج الخلايا الدهنية كميات أقل من هرمون اللبتين، وهو الهرمون المسؤول عن الشعور بالامتلاء أو حالة الشبع، ويزيد من استهلاك الطاقة. من ناحية أخرى، تنتج المعدة مزيدًا من هرمون الجريلين، وهو هرمون محفز للشهية. تذكَّر جيدًا: لضبط شهيتك، عليك أن تنام، ولا تجلس ساعات طويلة أمام التلفاز، فالمسلسل الذي تود متابعته سيكون في انتظارك غدًا!

الاسترخاء من خلال ممارسة تمارين التنفس

هل لديك رغبة تلح عليك لتناول السكريات، وترتبط ارتباطًا وثيقًا بتوترك العصبي؟ إذن، عليك بالاسترخاء من خلال تمارين التنفس. أبسط النصائح لمقاومة التوتر العصبي: ضع إحدى يديك على صدرك والأخرى على البطن، ثم خذ نفسًا عميقًا حتى تشعر بأن الهواء يملأ بطنك، ثم ازفر الهواء متيقنًا من أن يدك تصاحب هذه الحركة. كرر الأمر نحو عشر مرات. فكرة أخرى أكثر هدوءًا يمكن اللجوء إليها في الاجتماعات أو في وسائل المواصلات: خذ شهيقًا بطيئًا وأنت تعد إلى الرقم 8، ثم احبس أنفاسك وعد إلى الرقم 8 أيضًا، ثم ازفر الهواء مع العد إلى الرقم 8. كرر هذا التمرين حتى تشعر بزوال التوتر.

نصيحة
الدكتور جوود
المُثلى!

إذا كان نمط حياتك يفرض عليك السهر ليلًا، فاعتمد على القيلولة القصيرة. عشر دقائق كافية جدًا: سيبدو فيها النوم خفيفًا، وسيكون الاستيقاظ سهلًا، وستنتابك حالة من الانتعاش. لكن إن تجاوزت عشر دقائق فنومك سيصبح عميقًا بعد عشرين إلى ثلاثين دقيقة، وستختلف الأمور: سينتابك شعور بالدوار حينما تستيقظ، ولن تتمكن من استعادة توازنك. ضع منبهًا إذا لزم الأمر!

الفصل الرابع

البرنامج المفضَّل وفقًا للنمط الغذائي

النمط الغذائي الأول: شغوف بالنشويات

يمكنك الاستغناء عن الحلويات بلا أدنى مشكلة، لكن من المحال أن تستغني عن النشويات. تتطلب وجباتك، التي تحتوي على نسبة عالية جدًّا من الكربوهيدرات، إفراز كمية كبيرة من الأنسولين (وتعطيك وجبة الغداء أيضًا دفعة قوية في فترة ما بعد الظهيرة). من أهم أولوياتك: انتقاء الكربوهيدرات التي تتناولها، مع تجنب تلك التي تحتوي على مؤشر جلايسيمي مرتفع، والسعي إلى خفض نسبة الحِمل الجلايسيمي في وجباتك عن طريق الخضراوات.

الأهداف الثلاثة الرئيسية

1. **حسِّن اختياراتك للخبز والمكرونة والأرز:** استبدل بالرغيف الأبيض (ذي المؤشر الجلايسيمي المرتفع) الرغيف التقليدي أو الرغيف المصنوع من العجين الذي يحتوي على خميرة. اختر المكرونة المصنوعة من حبوب شبه كاملة أو كاملة (غير مطهوة بالكامل). تجنب الأرز سريع الطهي، واكتشف ألوان الأرز الأسود والأحمر والبنفسجي، ونكهة الأرز التايلاندي أو البسمتي. فكر أيضًا في الكينوا والحنطة السوداء.
2. **استكشف البقول مجددًا:** الفاصوليا والعدس والفول والحمص... تتفوق في محتواها من البروتين على المكرونة البيضاء والأرز الأبيض (20-25 جرامًا مقابل 12 جرامًا تقريبًا)، وتحتوي على الألياف أيضًا (نحو 15 جرامًا مقابل 1-3 جرامات)، وتتمتع بمؤشر جلايسيمي منخفض.
3. **أدرج الفاكهة والخضراوات في قوائم طعامك:** أضف حصة من الخضراوات النيئة أو المطبوخة إلى الأطعمة النشوية بانتظام، وستعمل أليافها على خفض نسبة الحِمل الجلايسيمي للوجبة. يمكنك أيضًا تقطيع الكوسة أو الجزر شرائط طويلة، بدلًا من أعواد السباجيتي.

أسبوع من قوائم الطعام للشغوفين بالنشويات

اليوم الأول

الإفطار	الغداء	العشاء
شاي أو قهوة بلا سكر جبن أبيض خبز العجينة المتخمرة، وطبقة رقيقة من الزبدة كمبوت بلا سكر	سلطة طماطم بيض مخفوق، ومهروس البازلاء توت العليق مع شرائح اللوز	حمص مسلوق، وطحينة السمسم المُعدة في المنزل، وشرائح الخضراوات النيئة سمك السردين، ومكعبات البطاطا المطهوة على البخار مع الزعتر نصف ثمرة مانجو

نصيحة الدكتور جوود المُثلى!

هل شرعت في تناول العشاء واحتسيت شرابًا وتناولت قطع البسكويت المملح؟ كوكتيل رائع مليء بالسكر (والدهون والملح). ستغدو شرائح الجزر والحمص هما الاختيار الأمثل!

اليوم الثاني

الإفطار	الغداء	العشاء
شاي أو قهوة بلا سكر زبادي بالشوفان بلا سكر تفاحة	سلطة خضراوات نيئة من اختيارك شريحة لحم بقري، وبطاطس مطهوة على البخار، وعيش الغراب المقلي جبن أبيض مع كمبوت	سلطة شرائح الشمر، وزيت الزيتون، وعصير الليمون خضراوات بالكاري (حمص وجزر وكوسة مع حليب جوز الهند)، وأرز كامل سلطة برتقال بالقرفة، مع ماء زهر البرتقال

نصيحة الدكتور جوود المُثلى!

إذا كان التحول من تناول «الأرز سريع الطهي» إلى «الأرز الكامل» أمرًا صارمًا للغاية، فانتقل إلى الأرز البسمتي غير المطهو بالكامل (ذي مؤشر جلايسيمي منخفض). بالنسبة إلى الحمص، فإن قوامه النشوي يتطلب مضغًا جيدًا، وهو طعام مثالي لأصحاب الشهية المفرطة.

اليوم الثالث

الإفطار	الغداء	العشاء
شاي أو قهوة بلا سكر	جزر مبشور بزيت الزيتون، وعصير ليمون	صلصة الأفوكادو (جواكامولي)، أو طبق من السلطة، وخبز العجينة المتخمرة المحمص
عصيدة رقائق الشوفان، وحليب قليل الدسم	صدر دجاجة، مع مكرونة «بيني»، وبيض مخفوق مع الكراث	بيض مخفوق، وخضراوات مقلية
مكعبات الكمثرى	زبادي مخمر يحتوي على خمائر بروبيوتيك	ربع ثمرة أناناس

نصيحة الدكتور جوود المُثلى!

هل تعرف المكرونة بالبقوليات (100% عدس أحمر على سبيل المثال)؟ إنها غنية بالبروتين والألياف، وتحتوي على مؤشر جلايسيمي أفضل بكثير من المكرونة البيضاء أو حتى الكاملة.

اليوم الرابع

الإفطار	الغداء	العشاء
شاي أو قهوة بلا سكر	حساء الخضراوات	طماطم كرزية
خبز دقيق القمح الكامل، مع طبقة رقيقة من الزبدة أو الجبن الأبيض	شريحة سمك القد، مع صلصة طماطم شيراتاكي (انظر صفحة 51)	نصف بيتزا، وسلطة الجرجير
شريحة صغيرة من سمك السلمون المدخن	جبن الحليب الخام بالتوت	سلطة فواكه

نصيحة الدكتور جوود المُثلى!

هل اعتدت أن تتناول بيتزا كاملة، من دون طبق جانبي، وأنت تشاهد مسلسلك المفضل؟ من الأفضل أن تتناول نصفها فقط (ضع ما تبقى منها في الثلاجة)، وتناول السلطة والطماطم الكرزية بكثرة.

اليوم الخامس

الإفطار	الغداء	العشاء
شاي أو قهوة بلا سكر	صلصة الكراث (بزيت الزيتون وعصير الليمون)	سلطة خضراوات
خبز الحنطة السوداء المحمص، مع طبقة رقيقة من الزبدة	سلمون مشوي في ورق الزبدة، وأرز بني، وكرنب بروكسل مقلي	مكرونة سباجيتي بالكوسة مع جبن بارميزان
زبادي طبيعي، مع مكعبات الكيوي والبندق	طبق من التوت	زبادي بكمبوت التفاح المنزلي

نصيحة الدكتور جوود المُثلى!

فكرة جيدة لخداع براعم التذوق وجعلها تعتاد نقص السكر في الزبادي وأنواع الكمبوت الأخرى: أضف بعض حبوب الجوز المقرمشة والمثيرة للشهية.

اليوم السادس

الإفطار	الغداء	العشاء
شاي أو قهوة بلا سكر	سلطة الجرجير والطماطم المجففة	حساء الجزر
طبق من الجبن الأبيض، ورقائق الشوفان، وقطع الفاكهة، وملعقة كبيرة من شراب البندق أو شراب اللوز أو شراب الجوز	إسكالوب الديك الرومي، حنطة سوداء وبروكلي	سمك السلمون المرقط المدخن، وبطاطا مطهوة على البخار، مع سلطة جبن أبيض وثوم معمر
	زبادي بقطع الأناناس	سلطة الفاكهة

نصيحة الدكتور جوود المُثلى!

اكتشف الحنطة السوداء: نكهة فطائر كريب بريتون اللذيذة، تُطهى في 12 دقيقة، ومؤشرها الجلايسيمي منخفض. إنها فكرة جيدة بديلة عن المكرونة.

الفصل الرابع: البرنامج المفضّل وفقًا للنمط الغذائي

اليوم السابع

الإفطار	الغداء	العشاء
شاي أو قهوة بلا سكر قطع من رغيف خبز تقليدي مدهونة بقليل من الزبدة بيضة مسلوقة كمبوت مُعد في المنزل برقائق اللوز	سلطة خيار، وجبن الفيتا (مملح) وزيتون أسود شرائح لحم بقري، وبطاطا حلوة مهروسة، وعيش الغراب المقلي تفاحة مطهوة في الفرن	سلطة عدس وجرجير وفلفل حلو وطماطم وتونة غير معلبة زبادي طبيعي بصلصة التوت المعدة في المنزل

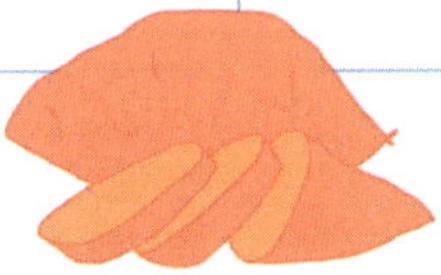

نصيحة الدكتور جوود المُثلى!

تتميز البطاطا الحلوة بمؤشرها الجلايسيمي الأكثر انخفاضًا عن البطاطا العادية. وهي بديل جيد للغاية!

«شيراتاكي» سباجيتي خالية من السعرات الحرارية

هل تعرف هذه الأطباق اليابانية الخاصة؟ يمكن العثور عليها بسهولة في قسم الأغذية الصحية في السوبر ماركت. يُصنع هذا النوع من المكرونة من درنة النبات، ويتميز بكونه غنيًا جدًا بالألياف ويمتص الماء: 100 جرام من «شيراتاكي» تمد الجسم بنحو 6 سعرات حرارية، وبالكاد 1-2 جرام من الكربوهيدرات. إنها ذات نكهة محايدة، وتُحضَّر مثل المكرونة، مع صلصة الطماطم والخضراوات المقطعة. إنها فكرة رائعة لتخفيف السعرات في قوائم طعامك!

النمط الغذائي الثاني: أنت من ضحايا السكريات المخفية

حان الوقت الآن لتعد الطعام بنفسك! وهذا الأمر سيجنبك وضع السكر في غير موضعه (صلصة الخل أو صلصة الطماطم)، وستحدد بصورة أفضل كمية السكر المضافة إلى أطباقك الحلوة، مرورًا بشراب الذرة عالي الفركتوز. هل أنت مشغول دومًا وليس لديك فائض من الوقت؟ الأغذية المجمدة الطبيعية هي حليفك الأول: اشترِ الخضراوات غير المطبوخة وقطع اللحم والسمك «العادية» (غير المغلفة بمسحوق الخبز المحمص أو بالصلصات التي غالبًا ما تحتوي على كمية كبيرة من السكر).

الأهداف الثلاثة الرئيسية

1. **افرز محتوى خزائن الطعام:** يمكنك البدء في الاستغناء عن جميع المنتجات فائقة المعالجة غير الضرورية: أكياس الحساء، وأكياس الصلصات المختلفة، وخلطات قوالب الحلوى (المضاف إليها الحليب أو البيض فقط)، والوجبات الجاهزة، والتوابل (الصلصات الآسيوية)، وحلويات الشوكولاتة، وحبوب الإفطار برقائق الشوكولاتة المقرمشة.
2. **اقرأ المكونات بإمعان:** في أثناء التسوق، عليك باستخدام التطبيقات التي تتيح لك فرصة التحليل الفوري للمكونات في المنتج الغذائي، أو اقرأ المكونات بعناية لتترك جانبًا ما يحتوي على كمٍّ هائل من السكريات المخفية أو شراب الذرة عالي الفركتوز.
3. **عليك بالطهي في المنزل:** حسنًا، يتطلب الأمر إدارة الوقت وتنظيمه، وتجنب استهلاك كمية هائلة من السكريات المضافة. ألا يستحق الأمر قليلًا من العناء والمجازفة؟ يمكنك «الطهي دفعة واحدة»، بعد إحضار المكونات الرئيسية والوصفات لعدة أكلات خلال عطلة نهاية الأسبوع، وهكذا تحفظها في الثلاجة وتستهلكها طوال الأسبوع من دون إضاعة كثير من الوقت.

أسبوع من قوائم الطعام «الخالية من السكريات المخفية»

اليوم الأول

الإفطار	الغداء	العشاء
شاي أو قهوة بلا سكر فاكهة طازجة (خوخ وكيوي وعنب أحمر ومشمش...) زبادي طبيعي خبز العجينة المختمرة مع طبقة رقيقة من الزبدة	نصف ثمرة أفوكادو، وعصير ليمون صدر دجاج بالكاري، وعدس مجروش زبادي طبيعي بقطع الفراولة	سلطة طماطم بزيت الزيتون سمك السلمون على البخار، وسبانخ مع قليل من الكريمة سلطة الليمون الهندي بالقرفة

نصيحة الدكتور جوود المُثلى!

يُعد الزبادي الطبيعي عالي الجودة، والمضاف إليه مكعبات الفاكهة الموسمية، بديلًا ممتازًا لزبادي الفاكهة الذي نشتريه من المتجر، ويكون حلوًا للغاية (غالبًا ما يحتوي على عدد كبير من المواد المضافة). إذا كنت ترغب في تحليته، فأضف ملعقة كبيرة من عسل النحل.

اليوم الثاني

الإفطار	الغداء	العشاء
شاي أو قهوة بلا سكر	سلطة الفاصوليا الخضراء بزيت الجوز	حساء الخضراوات المُعد في المنزل
عصيدة رقائق الشوفان بقطع الموز والقرفة	شرائح البط، وأرز الحبوب الكاملة	بيض مخفوق مع الأعشاب، ويخنة الخضار
(اختياري: ملعقة كبيرة من عسل النحل أو السكر الخام إذا لزم الأمر)	كمبوت المشمش المُعد في المنزل	زبادي طبيعي بصلصة التوت المُعدة في المنزل

> **نصيحة الدكتور جوود المُثلى!**
>
> هل اعتدت شراء الحساء الجاهز والخضراوات الجاهزة مع اللحم والصلصة؟ من المرجح أن هذه الأطعمة تحتوي على السكريات المضافة، ومن الأفضل إعدادها في المنزل.

اليوم الثالث

الإفطار	الغداء	العشاء
شاي أو قهوة بلا سكر	سلطة خرشوف بصلصة الخل	سلطة متعددة المكونات (أرز كامل، ولب النخيل (جمار)، وأفوكادو، وطماطم، وتونة غير مُعلبة، وزيت زيتون، وعصير ليمون)
جبن أبيض، وجرانولا (رقائق الشوفان مع مكسرات وعسل) مُعدة في المنزل	شريحة لحم بقري، وسلطة جرجير	
	زبادي طبيعي بقطع الكمثرى الطازجة والقرفة	سلطة فاكهة مع ماء زهر البرتقال وقشور ليمون مبشور

> **نصيحة الدكتور جوود المُثلى!**
>
> احذر تناول الكاتشاب أو صلصة الشواء مع اللحم البقري، فهما يحتويان على كمٍّ كبير من السكريات (بعضها يحتوي على شراب الذرة عالي الفركتوز!)، ويبقى اختيار القليل من صلصة الخردل هو الخيار الأمثل والأقل احتواءً على السكريات. ويمكن اختيار صلصة الجبن الكثيفة. الأمر متروك لك ولضميرك!

الفصل الرابع: البرنامج المفضّل وفقًا للنمط الغذائي

اليوم الرابع

الإفطار	الغداء	العشاء
شاي أو قهوة بلا سكر قطع خبز تقليدي مدهونة بقليل من الزبدة بيضة مسلوقة طبق من التوت	جزر مبشور، وزيت الجوز أو خل التفاح شريحة سمك القد، وكينوا، وبيض مخفوق مع كراث زبادي مع قطع أناناس	حمص مسلوق بطحينة السمسم شريحة ديك رومي مشوي، كوسة مقلية بالكمون كمثرى بالشوكولاتة (انظر الوصفة المقابلة)

نصيحة الدكتور جوود المُثلى!

ضع ثمرة كمثرى مقطعة إلى أربـاع رقيقة في طبق مناسب للفرن، ثم ابشر فوقها 20 جرامًا من الشوكولاتة الداكنة 85%، وضعها في الفرن حتى تذوب الشوكولاتة. إنه طبق تحلية بسكر قليل، لكنه لذيذ للغاية، ويجنبك الرغبة الشديدة في كسر نظامك الغذائي في المساء.

اليوم الخامس

الإفطار	الغداء	العشاء
شاي أو قهوة بلا سكر طبق فاكهة: كوب زبادي طبيعي، وكمبوت معد في المنزل، وتوت، ورقائق الشوفان	هليون مع صلصة الخل دجاج مشوي، ومكرونة بالطماطم سلطة فواكه، وبسكويت مُعد في المنزل	سلطة بروكلي مع رقائق اللوز حبوب كينوا، وفطر عيش الغراب زبادي طبيعي، وكمبوت المشمش

نصيحة الدكتور جوود المُثلى!

هل اعتدت تناول البسكويت؟ عليك بإعداده في المنزل، حتى تتحكم في كمية السكريات (وفي جودة الدقيق، والمواد الدهنية، وعدم وجود إضافات غذائية).

اليوم السادس

الإفطار	الغداء	العشاء
شاي أو قهوة بلا سكر عصيدة رقائق الشوفان مع القرفة (اختياري: ملعقة كبيرة من عسل النحل أو السكر الخام إذا لزم الأمر) برتقالة	باذنجان مشوي بلح البحر، وكينوا كيوي	سلطة خيار بالنعناع بيض مخفوق، وخضراوات مقلية قطعة من فطيرة تفاح مُعدة في المنزل

نصيحة الدكتور جوود المُثلى!

فائدة إعداد فطيرة التفاح في المنزل: يمكنك استخدام عجينة شورت كرست (خالية من السكر بعكس عجينة السابليه). اغمر العجينة في الكمبوت لمنحها ليونة ولدانة، وأضف إليها قليلًا من السكر الطبيعي (أو بلا تحلية على الإطلاق).

اليوم السابع

الإفطار	الغداء	العشاء
شاي أو قهوة بلا سكر كوب حليب بالشوكولاتة قطع خبز تقليدي مدهونة بقليل من الزبدة كمبوت كمثرى مُعد في المنزل	سلطة الكراث بالخل (زيت زيتون، وعصير ليمون، وثوم معمر مفروم) شرائح دجاج مقلية، وبازلاء زبادي طبيعي مع قطع مانجو	سلطة خس النادرين باللوز طاجن قرنبيط بصلصة بيضاء مُعدة في المنزل سلطة فواكه بالقرفة

نصيحة الدكتور جوود المُثلى!

هل اعتدت في الصباح إضافة مسحوق الشوكولاتة إلى الحليب الذي تشربه (نحو 60% سكر)؟ يمكنك العدول عنه إلى الكاكاو المر (0% سكر).

النمط الغذائي الثالث: تتناول السكريات بإفراط

من المستحيل أن تستغني عن أطباق الحلويات، أو عن مشروب غني بالسكريات في النهار، أو إضافة السكر في القهوة. تعمد في بعض الأحيان إلى ألواح الشوكولاتة أو المخبوزات بدلًا من الغداء عندما لا تملك وقتًا فعليًا لنيل قسط من الراحة. سر بنظامك الغذائي ببطء مع الاحتفاظ بالأطعمة الحلوة المبهجة على مائدتك، وقلل السكر المضاف إلى حدٍّ كبير. الأمر ليس معقدًا للغاية، وستلمس ذلك بكل تأكيد!

الأهداف الثلاثة الرئيسية

1. **أوقف الوجبات الخفيفة في النهار:** هل اعتدت يوميًّا، بعد الظهيرة، زيارة مكتب زميلك الذي يخزن الكعك الصغير وأنواع الشوكولاتة؟ قبل أن تنهض عن سريرك، فكر في دوافعك: هل ستحصل على استراحة قصيرة؟ هل ستحظى بوقت رائع في العمل؟ تبنَّ عادات جديدة: عليك بالمشي، والذهاب للحصول على البريد، واستنشاق الهواء النقي أمام مدخل العمارة.
2. **توقف عن تحلية مشروباتك:** بين مشروب الصباح والقهوة في النهار والمشروبات الغازية من حين إلى آخر، ستجد أنك استهلكت كمًّا هائلًا من السكريات. تكيف مع مشروبات أخرى قوية النكهة.
3. **حسِّن قوائم طعامك:** لتجنب تناول الطعام بشراهة في نهاية اليوم، من الضروري جدًّا أن تستهلك كمية صغيرة من الكربوهيدرات منخفضة السكريات في جميع الوجبات. العدس والحمص والكينوا والأرز، هم حلفاؤك الحقيقيون. وعليك بإدراج الأطعمة ذات المذاق الحلو بانتظام في قائمة طعامك (القرع الأحمر، والجزر، والجزر الأبيض، والبطاطا الحلوة، إلخ) من أجل خداع براعم التذوق عن طريق النكهات الحلوة.

الزيوت الأساسية تهدئ الرغبة في تناول السكريات

بعض الزيوت الأساسية (زيوت النكهة) لها تأثير مضاد للشره وتسكِّن الجوع الشديد. هل تشعر برغبة ملحة في تناول الأطعمة الحلوة؟ استنشق زيت القرفة السيلانية: ستتغلغل جزيئات الزيت إلى الجهاز الحُوفي (المنطقة المسؤولة عن الشعور باللذة والعواطف في الدماغ)، مما سيكبح جماح بعض الهرمونات المسؤولة عن الجوع. ومن المعروف أيضًا أن الزيوت المركزة من الليمون العطري أو اليوسفي الأخضر أو القرنفل تهدئ الرغبة الجارفة في تناول الطعام، ومن السهل أن تحملها في حقيبتك، وأن تستخدمها إذا تطلب الأمر ذلك.

أسبوع من قوائم الطعام لمن «لا يقاومون إدمان السكر»

ورقتك الرابحة: لديك الحق في تناول ملعقة صغيرة من السكر الطبيعي في اليوم وفقًا لاختيارك (عسل النحل، أو شراب القيقب، أو شراب جوز الهند)، أو أن تضيفها في أي طعام تريده.

اليوم الأول

الإفطار	الغداء	العشاء
شاي أخضر قليل التخمير بلا سكر، أو قهوة منكهة بلا سكر كوب من الحليب، ورقائق الشوفان، وبذور الكتان، وتفاحة مبشورة، وقرفة	سلطة الشمندر، وزيت الجوز، وثوم معمر شرائح سمك الماكريل في الفرن، وأرز بسمتي، وكوسة لبن رائب من الحليب كامل الدسم	سلطة خس الناردين، وطماطم كرزية مخفوق البيض بفطر عيش الغراب، وعدس أحمر سلطة فواكه

نصيحة
الدكتور جوود المُثلى!

لا شك أنك ترغب في إضافة كثير من المربى إلى الزبادي 0% دسم وبلا نكهة. عليك بتجربة اللبن الرائب المصنوع من الحليب كامل الدسم أو نصف الدسم أو الخالي من الدسم: لن ترغب في إغراقه بكمٍّ كبير من السكريات.

اليوم الثاني

الإفطار	الغداء	العشاء
شاي أخضر قليل التخمير بلا سكر، أو قهوة منكهة بلا سكر خبز العجينة المختمرة مع طبقة رقيقة من الزبدة زبادي طبيعي بالكمبوت المُعد في المنزل	جزر مبشور مع زيت زيتون وعصير ليمون شرائح لحم بقري، وبطاطا حلوة مهروسة تفاحة مطهوة في الفرن، مع القرفة	حساء قرع أرز بسمتي، وسبانخ بصلصة بيضاء مُعدة في المنزل زبادي طبيعي، وصلصة مانجو مُعدة في المنزل

نصيحة
الدكتور جوود المُثلى!

هناك حيلة ماكرة تعطي الانطباع بعدم الشعور بالحرمان من أطباق الحلويات: عليك بتغطية منتجات الألبان بصلصات الفاكهة المجهزة في المنزل، والمصنوعة من مزيج المانجو الناضج أو التوت. ستجدها خالية من السكر، لكنها مفعمة بالنكهات الحلوة!

اليوم الثالث

الإفطار	الغداء	العشاء
شاي أخضر قليل التخمير بلا سكر، أو قهوة منكهة بلا سكر خبز بالجوز، مع طبقة رقيقة من الزبدة جبن أبيض، وقطع موز	سلطة هندباء، وزيت زيتون، وبقدونس كباب دجاج، ومكرونة بيني بصلصة الطماطم ربع ثمرة أناناس	حساء قرنبيط سمك سردين، وبطاطا مطهوة على البخار جبنة بيضاء مع توت ورقائق اللوز

> **نصيحة الدكتور جوود المُثلى!**
>
> الخبز بالجوز يذوب في الفم تمامًا مثل الموز. وهذا الخبز ذو المذاق الحلو يهدئ براعم التذوق ويخدعها.

اليوم الرابع

الإفطار	الغداء	العشاء
شاي أخضر قليل التخمير بلا سكر، أو قهوة منكهة بلا سكر قطع خبز تقليدي مدهونة بقليل من الزبدة بيضة مسلوقة كمبوت كمثرى مُعد في المنزل	سلطة براعم فول الصويا شرائح بط، وكينوا، وشمرة مطهوة على نار هادئة زبادي طبيعي، مع قطع الشوكولاتة الداكنة 85% (10 جرامات مذابة مع ملعقتين كبيرتين من الحليب)، وقليل من رقائق اللوز	فجل (وردي أو أسود)، وخبز العجينة المختمرة، مع طبقة رقيقة من الزبدة سمك سلمون مشوي، وبطاطا مطهوة على البخار كمبوت التفاح بالقرفة

> **نصيحة الدكتور جوود المُثلى!**
>
> طبق تحلية سريع التحضير، وحلو المذاق، وقليل السكريات: صلصة الشوكولاتة الداكنة المضافة إلى الزبادي الكريمي.

اليوم الخامس

الإفطار	الغداء	العشاء
شاي أخضر قليل التخمير بلا سكر، أو قهوة منكهة بلا سكر عصيدة رقائق الشوفان، مع قطع تفاح، ورقائق اللوز بالقرفة	نصف ثمرة أفوكادو، وعصير ليمون قريدس مقلي، ومكرونة لينجويني، مع فطر عيش الغراب جبن أبيض، مع صلصة توت مُعدة في المنزل	حساء جزر بالكمون أرز مقلي مجهز في المنزل (أرز كامل، مخفوق البيض، بازلاء) تفاحة مطهوة في الفرن

نصيحة الدكتور جوود المُثلى!

هل اعتدت شرب المياه الغازية على الطاولة؟ يمكنك العدول عنها إلى الماء المكربن الممزوج بعصير الليمون، خالٍ من السكر، حيث يجري خداع براعم التذوق عن طريق المذاق الحمضي الذي يساعد على تهدئة الرغبة الشديدة في تناول السكريات.

اليوم السادس

الإفطار	الغداء	العشاء
شاي أخضر قليل التخمير بلا سكر، أو قهوة منكهة بلا سكر موسلي (طبق شوفان وحبوب ومكسرات) لكن بلا سكر أو حليب كيوي	جزر مبشور، مع زيت زيتون، وعصير ليمون بلح البحر بالكاري، وحنطة سوداء زبادي مع قطع برتقال	سردين معلب، وخبز العجينة المتخمرة المحمص خضراوات طازجة مقلية، وبطاطا حلوة مهروسة كمبوت تفاح وأناناس مغطى بجوز هند مبشور

نصيحة الدكتور جوود المُثلى!

هل ترغب في إضفاء نكهة حلوة على الكمبوت الذي تعده في المنزل؟ انثر عليه جوز الهند المبشور ذا اللون الذهبي بعد تقليبه في مقلاة (لا تدع لونه يغمق): سيتكون لديك انطباع بأن نكهته حلوة، لكنه خالٍ من السكر!

اليوم السابع

الإفطار	الغداء	العشاء
شاي أخضر قليل التخمير بلا سكر، أو قهوة منكهة بلا سكر خبز العجينة المختمرة، مع طبقة رقيقة من الزبدة أو الجبنة الطازجة شريحة صغيرة من السلمون المدخن	سلطة هندباء، وقطع أفوكادو لحم بقري مشوي وجزر أبيض مهروس موس (كريمة) الشوكولاتة المُعد في المنزل (انظر الوصفة المقابلة)	سلطة خيار قريدس مقلي بالخضراوات، وأرز بسمتي سلطة فواكه

> **نصيحة الدكتور جوود المُثلى!**
>
> يمكن صنع موس (كريمة) الشوكولاتة باستخدام 100 جرام من الشوكولاتة الداكنة الذائبة، وبياض ثلاث بيضات مخفوقة لا غير. إنها حلوى مثالية يمكن تقديمها إذا كان لديك ضيوف، لأنها تجمع بين «احتوائها على نسبة قليلة من السكر»، وإضفاء جو من الألفة.

ثلاثة مكملات غذائية يُنصح بها

- **الكروم:** هذا المعدن النادر يُسهل انتقال الجلوكوز إلى الخلايا، ويساعد على تنظيم إنتاج الأنسولين، ويحسِّن مستوى السكر في الدم، ويحد من الرغبة الشديدة في تناول السكريات. ينصح بتناول 250 مكج في اليوم.

- **التريبتوفان:** هذا الحمض الأميني يساعد على التخلص من الرغبة الملحة في تناول الأطعمة الحلوة، ولا سيَّما في فترة الليل. يؤخذ في شكل كبسولة عند الخامسة مساءً تقريبًا، حين يحفز الجسم إفراز السيروتونين (هرمون السعادة).

- **الجورمار:** هذه العشبة الطبيعية الهندية تحد من الرغبة في تناول السكريات. يمكن تناولها في هيئة كبسولات قبل وجبة الطعام بثلاثين دقيقة، أو تُفتح الكبسولة ويوضع المسحوق مباشرة على اللسان في الوقت الذي تشعر فيه برغبة شديدة في تناول الأطعمة الحلوة: إنها تعمل كمخدر لبراعم التذوق، وتسكن الرغبة في تناول السكريات أو تحبطها.
في كل الأحوال، يجب أن تطلب استشارة الصيدلي.

الوصفة الصحية

يمكن الاستغناء عن السكريات السيئة، وتقليل إجمالي الكميات المستهلكة، واللجوء إلى الخيارات الصحية من دون بذل كثير من الجهد. هذه ملاحظات صغيرة يجب ألا تنساها.

1. **قراءة مكونات المنتجات باستمرار:** نضع جانبًا تلك التي يأتي السكر على رأس مكوناتها (البسكويت، والكعك، وقوالب الحلوى)، أو تلك التي تحتوي على كمية كبيرة من السكريات تحت أسماء مختلفة (شراب الجلوكوز، شراب صناعي محلًى، المالتوز، الدكستروز، إلخ). عمومًا، يُفضَّل اختيار المكونات البسيطة مع استبعاد المجموعة الهائلة من الإضافات.
2. **مقاطعة شراب الذرة عالي الفركتوز:** المصنعون لديهم أشكال متعددة من السكريات تحت تصرفهم، لذلك لا تشجعهم على استخدام شراب الذرة عالي الفركتوز على وجه الخصوص، فهو في الواقع له تأثير ضار على الصحة. واعلم أن عدم شراء هذا الشراب أو تلك الكعكة قد يرتقي إلى منزلة العمل النضالي!
3. **عدم اتباع نظام غذائي صارم:** كلما تزايدت حالة الحرمان التي يفرضها عليك النظام الغذائي الصارم، تزايدت احتمالية كسر النظام المتبع بعد مرور أيام قليلة. لذا يجب الحفاظ على تناول القليل من النشويات مع كل وجبة لتنظيم مستوى السكر في الدم.
4. **اختيار السكريات الطبيعية:** تتميز بمؤشر جلايسيمي أكثر انخفاضًا من السكر، وتحتوي على نسبة أقل من السعرات الحرارية، إضافةً إلى أنها تتمتع بالعديد من النكهات. يمكن أن تحرز تقدمًا ملحوظًا، وتحقق كثيرًا من المكاسب من خلال اختيار عسل النحل وسكر القصب الكامل وشراب القيقب.
5. **الحصول على قسط وافر من الاسترخاء والراحة:** كيلا تُفرغ شحنات التوتر والضغط العصبي في التهام كثير من شرائح الخبز بالمربى، يجب أن تمنح نفسك وقتًا للهدوء والاسترخاء. اعتمد اليوجا أو المشي أو القراءة أو الحياكة أو حتى النجارة، إذا كنت ترغب في ذلك، فإن الهدف الرئيسي هو قضاء وقت يشبع نهمك بدلًا من الطعام.

إلى اللقاء بعد ستة أشهر

تشعر الآن بحماس كبير لتقليل استهلاك السكر الذي تتناوله بإفراط! ماذا سيكون موقفك بعد تلك ستة أشهر؟ بعد ستة أشهر، قيِّم نفسك من خلال الإجابة عن هذا الاختبار القصير.

منحت نفسك قسطًا من الراحة والاسترخاء كل يوم (حياكة، وحمَّام دافئ، وقراءة...)	☐ نعم	☐ لا
اعتدت تحضير المكونات الرئيسية للأطعمة بنفسك: الحلوى المغطاة بالكريمة، وصلصة الطماطم، وصلصات الخل...	☐ نعم	☐ لا
اعتدت الذهاب إلى بائع الخبز للحصول على رغيف الحبوب أو رغيف العجينة المختمرة	☐ نعم	☐ لا
توقفت عن حرمان نفسك من المكرونة والأطعمة النشوية الأخرى (ولم تعد لديك رغبة في تناول الحلويات بعد الخامسة مساء)	☐ نعم	☐ لا
أزلت من خزائن الطعام جميع المنتجات التي تحتوي على نسبة عالية من السكر (قوالب الشوكولاتة والسكاكر)	☐ نعم	☐ لا
تقرأ باستمرار مكونات المنتجات، وتقاطع تلك التي تحتوي على شراب الذرة عالي الفركتوز	☐ نعم	☐ لا
تحولت عن الحلويات إلى الشوكولاتة الداكنة جدًا (أو اللوز والجوز...)	☐ نعم	☐ لا
توقفت عن استهلاك المشروبات الغازية والسكر في مشروباتك الساخنة، أو قللت منها	☐ نعم	☐ لا

حان الوقت لتقييم نفسك وتحديد موقفك

إجمالي الإجابات بـ«نعم» ☐

- **أكثر من 4 إجابات بـ«نعم»:** لقد أبليت بلاءً حسنًا! لا شك أن الجميع يلاحظون التغييرات التي طرأت عليك (وزنك، بشرتك، نشاطك اليومي...). أحسنت، وعليك بمتابعة مسيرتك!
- **أقل من 4 إجابات بـ«نعم»:** لقد شرعت بالفعل في إجراء بعض التغييرات، لكنك لست مستعدًا تمامًا حتى الآن لتناول كميات أقل من السكر. عليك بإعادة قراءة الأسباب المنطقية التي تدفعك إلى نسيان السكر (انظر صفحة 21) من أجل تحفيز نفسك.

لمزيد من المعلومات

مواقع إلكترونية

- الاتحاد الفرنسي لمرضى السكر: federationdesdiabetiques.org
- القوائم الدولية للمؤشر الجلايسيمي (البروفيسورة جيني براند ميلر): ncbi.nlm.nih.gov/pmc/articles/PMC2584181
- منظمة «فوود ووتش»: www.foodwatch.org/fr/accueil

مراجع

- ارتفاع المؤشر الجلايسيمي، وأضرار حميات الحِمل الجلايسيمي بوصفها عوامل مسببة للأرق: تحليلات تابعة لمبادرة صحة المرأة، المجلة الأمريكية للتغذية السريرية، فبراير 2020.
- آثار قلة النوم وقصره على استقلاب الجلوكوز ومخاطر السمنة، مراجعات مجلة «نيتشر» في مجال الغدد الصماء، 2009.
- علاقة موجزة: اقتران قلة ساعات النوم لدى الشباب الأصحاء بانخفاض مستويات اللبتين، وارتفاع مستويات الجريلين، والشعور المفرط بالجوع وزيادة الشهية، الكلية الأمريكية للأطباء، 2004.
- تأثير الحرمان على الرغبة الشديدة في تناول الطعام وتغير سلوكيات الأكل، المجلة الدولية المتخصصة في دراسة اضطرابات تناول الطعام، 2005.
- الصيام يزيد من مخاطر ظهور الشراهة عند الأكل والاضطرابات المرضية: 5 سنوات دراسة مستقبلية، مجلة علم النفس، 2008.
- تأثير انخفاض وتيرة الوجبات دون تقييد السعرات الحرارية على تنظيم الجلوكوز لدى الرجال والنساء في منتصف العمر الذين يتمتعون بصحة جيدة ووزن طبيعي، التمثيل الغذائي، 2008.
- دفاتر التغذية والحمية، مجلد رقم 43، العدد الخاص رقم 2، جمعية التغذية الفرنسية، 2008.
- أساسيات علم أمراض الجهاز الهضمي، إلسيفيير ماسون، الفصل رقم 12، أكتوبر 2014.

شكر وتقدير

إلى الدكتور بيير نيس، أخصائي الغدد الصماء والتغذية، والملحق السابق بمستشفيات باريس، والمتخصص في مؤشر الجهد السكري، ومؤلف العديد من الكتب: «النظام الغذائي الاستقلابي» (2011)، و«الحمية الغذائية للقلب» (2013)، و«حمية غذائية جديدة لعمر صحي أطول» (2018).

دار جامعة حمد بن خليفة للنشر
صندوق بريد 5825
الدوحة، دولة قطر

www.hbkupress.com

Published in the French language originally under the title:
Les Cahiers Dr. Good! Moins de sucre, plus de plaisir (et de santé !)

© 2020, Éditions Solar, an imprint of Edi8, Paris, France.

جميع الحقوق محفوظة.

لا يجوز استخدام أو إعادة طباعة أي جزء من هذا الكتاب بأي طريقة دون الحصول على الموافقة الخطية من الناشر باستثناء حالة الاقتباسات المختصرة التي تتجسد في الدراسات النقدية أو المراجعات.

إن الآراء الواردة في هذا الكتاب لا تعبر بالضرورة عن رأي الناشر.

الطبعة العربية الأولى عام 2022
دار جامعة حمد بن خليفة للنشر

الترقيم الدولي: 9789927161247

تمت الطباعة في بيروت-لبنان.

مكتبة قطر الوطنية بيانات الفهرسة – أثناء – النشر (فان)

غارنييه، كارول، مؤلف.

[Moins de sucre, plus de plaisir (et de santé !)]. Arabic

سكر أقل، متعة أكثر وصحة أفضل / كارول غارنييه ؛ رسوم كي لام وكميل باني ؛ ترجمة د. باسم صابر ميخائيل. الطبعة العربية الأولى. – الدوحة، دولة قطر : دار جامعة حمد بن خليفة للنشر، 2022.

64 صفحة : إيضاحيات ملونة ؛ 24 سم. – دفاتر الدكتور جوود!

تدمك: 978-992-716-124-7

ترجمة لكتاب: .Moins de sucre, plus de plaisir (et de santé !)

1. مرض السكر -- الكتيبات، الموجزات الإرشادية، إلخ. 2. مرض السكر-- الجوانب الغذائية. 3. مرض السكر -- الجوانب الصحية.

أ. لام، كي، رسام. ب. باني، كميل، رسام. ج. ميخائيل، باسم صابر، مترجم. د. العنوان. هـ. السلسلة.

RC660.C37125 2022

202228520427 616.462 – dc23